Maryam Abiatinejad

Avaliações clínicas e cirúrgicas

Maryam Abiatinejad

Avaliações clínicas e cirúrgicas

Maryam Abiatinejad

Avaliações clínicas e cirúrgicas

em pacientes que requerem cirurgias cosméticas com
referência a pontos de diagnóstico e tratamento

ScienciaScripts

Imprint

Any brand names and product names mentioned in this book are subject to trademark, brand or patent protection and are trademarks or registered trademarks of their respective holders. The use of brand names, product names, common names, trade names, product descriptions etc. even without a particular marking in this work is in no way to be construed to mean that such names may be regarded as unrestricted in respect of trademark and brand protection legislation and could thus be used by anyone.

Cover image: www.ingimage.com

This book is a translation from the original published under ISBN 978-3-639-71980-2.

Publisher:
Sciencia Scripts
is a trademark of
Dodo Books Indian Ocean Ltd. and OmniScriptum S.R.L publishing group

120 High Road, East Finchley, London, N2 9ED, United Kingdom
Str. Armeneasca 28/1, office 1, Chisinau MD-2012, Republic of Moldova, Europe
Managing Directors: Ieva Konstantinova, Victoria Ursu
info@omniscriptum.com

Printed at: see last page
ISBN: 978-620-3-28555-0

Avaliações Clínicas e Cirúrgicas em Pacientes que Necessitam de Cirurgias Cosméticas com Referência a Pontos de Diagnóstico e Tratamento

Por

Maryam Abiatinejad

Skin and Hair Center, membro do corpo docente do Instituto de Investigação Roshan, Irão

Maryam Abiatinejad

Centro de pele e cabelo, membro do corpo docente do Instituto de Investigação Roshan, Irão

Dedicado aos Anjos Misericordiosos que:

O senhor dos mundos, que começou a guiar os seus

servos com o ensinamento da pena,

Os meus pais, cuja presença é para mim uma coroa de

honra e cujo nome é a razão da minha existência,

porque estas duas existências, depois do Senhor, foram

a fonte da minha existência, pegaram na minha mão e

ensinaram-me a caminhar neste vale cheio de altos e

baixos.

Conteúdo

Capítulo I

Introdução

Introdução

Atualmente, a cirurgia estética tornou-se uma das preocupações dos seres humanos. De acordo com a Sociedade Americana de Cirurgia Plástica, foram efectuadas mais de 13 milhões de cirurgias plásticas em 2010. Um inquérito nacional realizado na Noruega revelou que 3% dos homens e 7% das mulheres com idades compreendidas entre os 18 e os 65 anos foram submetidos a algum tipo de cirurgia plástica. Não existem estatísticas oficiais sobre a cirurgia estética no Irão. De acordo com estatísticas não oficiais, mais de 36.000 iranianos são submetidos a cirurgia estética todos os anos. Entre as cirurgias estéticas realizadas no Irão, a rinoplastia está em primeiro lugar.

De acordo com estatísticas não oficiais, o Irão é o primeiro país do mundo em termos de número de cirurgias de rinoplastia cosmética. Depois do Irão, seguem-se os Estados Unidos, a Inglaterra e, em certa medida, a França. Estas estatísticas e números aproximados são apenas casos não oficiais de cirurgia estética.

A estas estatísticas e números devem também ser acrescentadas as pessoas que estão interessadas mas não o fazem por receio das consequências. Os seres humanos sentem cada vez mais uma necessidade interna de se conformarem com a sua aparência, com certos modelos de beleza como norma social. No entanto, é muito importante compreender a fronteira entre o desejo comum de melhorar a aparência e a neurose. A insatisfação extrema com a aparência pode esconder estados mentais patológicos, e negligenciá-la pode ter consequências médicas graves.

Figura 1. Avaliação e investigações pré-operatórias para cirurgia
maxilofacial

Harris e Moss (2009) mostraram que o nível de ansiedade e depressão nos candidatos a cirurgia estética é mais elevado do que nos não candidatos.

Marsh (2000) também estudou a relação entre a insatisfação corporal em candidatos a cirurgia estética e a ansiedade, a depressão, o isolamento social, as perturbações psicóticas, as obsessões e o enfraquecimento do auto-conceito. Assim, a presença de ansiedade e depressão em candidatos a cirurgia estética e o desenvolvimento de vários métodos terapêuticos para o tratamento de perturbações de ansiedade em psicologia, a terapia metacognitiva foi introduzida como um dos tratamentos eficazes para esta perturbação.

A metacognição refere-se às estruturas, ao conhecimento e aos processos psicológicos que lidam com o controlo, a mudança de pensamentos e as cognições. De acordo com teóricos recentes, a metacognição é um dos factores importantes no desenvolvimento e persistência de perturbações psicológicas. A metacognição afecta o processamento emocional e as reacções ao trauma através da influência do conhecimento e das estratégias metacognitivas na mudança de crenças, bem como na interpretação e interpretação de sintomas específicos, como os pensamentos intrusivos, e as crenças metacognitivas desempenham um papel eficaz na etiologia e persistência das perturbações de ansiedade e depressão.

Em particular, o modelo de função executiva da autorregulação de Wells e Matthews (1996) fornece uma concetualização detalhada dos factores metacognitivos como componentes do fornecimento de informação. A ideia principal desta abordagem é a de que as crenças nas perturbações psicológicas são constituídas por componentes metacognitivas que orientam e são afectadas pela atividade de pensamento e pelo estilo de lidar com a situação.

Por conseguinte, à semelhança de outras especialidades da medicina, as intervenções psicológicas são efectuadas para reduzir o nível de perturbações mentais dos pacientes e para comunicar cientificamente as melhorias. Há muitas intervenções psicológicas eficazes disponíveis e, neste estudo, utilizou-se a intervenção metacognitiva porque é nova e não há investigação sobre este tema no Irão.

Por conseguinte, o objetivo deste estudo é determinar a eficácia do treino metacognitivo no nível de ansiedade e depressão dos candidatos a rinoplastia. Uma vez que as cirurgias estéticas são realizadas para mudar a aparência das pessoas e aumentar a sua satisfação e auto-confiança, a cirurgia estética pode ser considerada o resultado de um determinado padrão psicológico. Num estudo sobre o perfil psicopatológico dos candidatos a cirurgia plástica, verificou-se que os candidatos a cirurgia plástica apresentavam pontuações mais elevadas nas escalas depressiva, dramática, narcisista, obsessiva, auto-agressiva, borderline e esquizotípica entre os indicadores relacionados com os padrões clínicos de personalidade. Além disso, entre os indicadores relacionados com os sintomas clínicos, as suas pontuações eram mais elevadas do que as da população normal nas escalas de ansiedade, somática, dependência de álcool, perturbação do pensamento e depressão major.

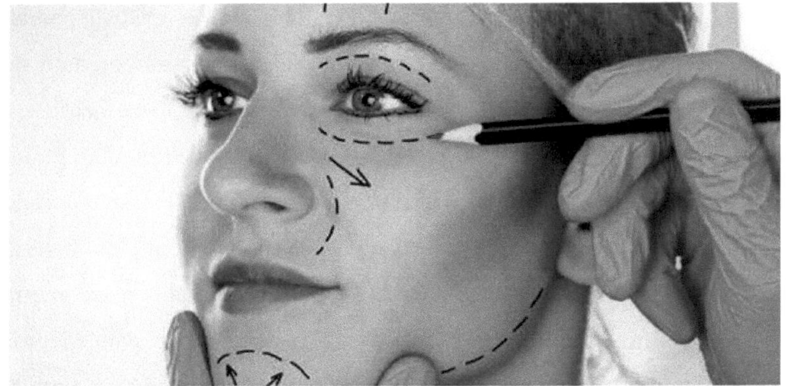

Figura 2. Cirurgias cosméticas faciais

Num estudo de Hosseini et al. (2010), sobre o nível de stress e a imagem corporal entre pessoas que fizeram cirurgia estética e pessoas normais, o stress elevado pode ter um impacto negativo na imagem corporal de uma pessoa. No modelo cognitivo-comportamental de Salkovskis (1998), as pessoas com pensamentos obsessivos tendem a avaliar negativamente os pensamentos intrusivos. Como resultado, consideram-se responsáveis pelas consequências nefastas dos seus pensamentos.

Esta responsabilidade pelos pensamentos intrusivos deriva provavelmente de certas crenças. Crenças como a de que pensar numa ação é o mesmo que fazê-la. No que diz respeito à relação entre os componentes metacognitivos e a perturbação dismórfica corporal, Cooper e Osman (2007) demonstraram que existe uma diferença entre as pessoas com perturbação dismórfica corporal e as pessoas saudáveis em termos de componentes metacognitivos. Assim, o nível de problemas metacognitivos é mais elevado nos candidatos a cirurgia estética. Além disso, estas pessoas têm menos auto-confiança. Como resultado, procuram os seus defeitos de aparência e recorrem à cirurgia por esta razão.

Numa abordagem geral, a beleza é considerada mundana, relativa, parcial e, o que é mais importante, externa e definida como um conjunto de componentes, tais como a forma física, a maquilhagem, o vestuário e a atratividade. Esta abordagem enfatiza aspectos da beleza que foram adquiridos, cultivados e criados e, consequentemente, a ênfase colocada na beleza natural. De facto, esta mudança na perceção da beleza, juntamente com as conquistas industriais e médicas, fez com que a beleza deixasse de ser apenas uma caraterística natural e biológica, para adquirir uma caraterística adquirida. Esta beleza clínica e adquirida é um tipo de beleza de classe e tem uma relação direta com o capital. Esta beleza não só é adquirida através da riqueza, como também é ela própria considerada riqueza e capital.

História da rinoplastia

A tendência para a beleza é um dos desejos naturais do ser humano. Os desenhos esculpidos nas paredes das grutas são sinais da tendência humana inicial para a beleza. A história da cirurgia estética remonta a milhares de anos atrás, na Índia antiga. Nessa altura, esta cirurgia era utilizada para reconstruir narizes que tinham sido cortados como castigo. Existem provas da reconstrução do nariz utilizando a pele da testa. No século XVI, um cirurgião italiano chamado Gasparo Tagliacozzi, considerado por muitos cirurgiões como o pai da cirurgia estética, inventou um método em que a pele do braço se ligava temporariamente ao nariz até que a área tivesse um novo fornecimento de sangue. O braço separava-se então do nariz, o que foi considerado a primeira rinoplastia (cirurgia ao nariz).

Diffenbach (1792-1847) e Jacq Joseph foram os pioneiros da rinoplastia moderna, utilizando incisões externas para reduzir o volume e o tamanho do nariz. Em 1973, o Dr. Goodman Wilfred ajudou a estabelecer o método de rinoplastia aberta. Antes desta altura, todos os procedimentos de rinoplastia eram realizados através de cirurgia fechada. Assim, ao longo do tempo, o método de rinoplastia aberta ganhou popularidade. Naturalmente, era utilizado principalmente para a rinoplastia primária e não era utilizado para procedimentos reconstrutivos e secundários. Em 1987, o Dr. Jack P. Glantz tornou a rinoplastia aberta num procedimento secundário popular.

As primeiras cirurgias plásticas foram realizadas após o fim da Primeira Guerra Mundial para tratar os feridos de guerra que tinham sofrido lesões faciais graves e, desde a década de 1920, os pacientes com defeitos congénitos ou deformidades físicas têm sido submetidos a cirurgia estética. Durante a Segunda Guerra Mundial, os soldados chineses foram submetidos a cirurgia plástica estética para mudar a sua aparência e, à medida que a ciência médica avançava, o mesmo aconteceu com outras cirurgias. Os papiros do antigo Egito, que remontam a 3500 a.C., fornecem provas de reconstrução do nariz em indivíduos que tinham sido condenados à amputação como castigo.

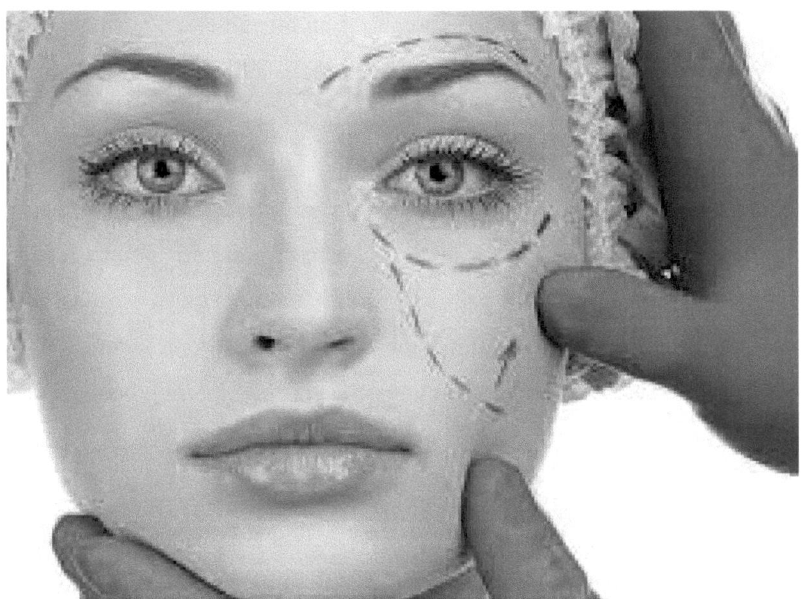

Figura 3. Cirurgia Reconstrutiva Cirurgia Cosmética

Por volta de 800 a.C., Sushruta, na Índia, efectuou uma reconstrução do nariz com um retalho da testa. Em 1600 d.C., Tagli Kozi descreveu a reconstrução deste órgão com um retalho do braço. Por volta de 1750, Quelmatz introduziu a pressão diária sobre o septo nasal para corrigir o seu desvio. Diffenbach utilizou incisões extranasais para corrigir a sua deformidade em 1845. Roe realizou a primeira rinoplastia estética num paciente com uma deformidade em 1887. Jacques Joseph é considerado o pai da rinoplastia.

Um ortopedista alemão, apresentou a sua compreensão revolucionária da cirurgia nasal em 1898 na Sociedade Médica de Berlim. Muitos cirurgiões nasais de todo o mundo viajaram para a Alemanha para ver os seus procedimentos cirúrgicos. Algumas das manobras cirúrgicas utilizadas atualmente são, de facto, as mesmas que ele descreveu nesses anos. Cirurgiões como Samuel Foman, Joseph Safin, Gustave e Africh desenvolveram mais tarde as suas técnicas e a sua compreensão da rinoplastia. Foman foi quem ajudou a difundir esse conhecimento, compreendendo essas técnicas e treinando cirurgiões modernos de rinoplastia, como Maric Cattell e Irving Goldman. Em 1921, Rethi foi o primeiro a introduzir a incisão na calunilha para mudanças na ponta nasal. Em 1957, Sercer utilizou esta incisão para aceder a todos os elementos do interior do nariz e chamou-lhe decorticação nasal. Este método não foi utilizado durante 15 anos, até que, em 1970, Paduan apresentou uma série de doentes operados com este método e, finalmente, Gunter aperfeiçoou o método aberto no início da década de 1990

História da rinoplastia no Irão

A razão pela qual os iranianos estão interessados na cirurgia e na alteração da forma do nariz deve-se sobretudo à forma genética do rosto e do nariz e às caraterísticas étnicas e raciais da região. Embora a raça iraniana seja considerada caucasiana, a prevalência de um nariz grande com uma corcova cartilaginosa e óssea é elevada. Ao estudar o rosto e o nariz em diferentes raças do mundo, verificou-se que em diferentes partes do mundo, desde o Japão oriental à América ocidental, o esqueleto ósseo e cartilaginoso do nariz no Médio Oriente tem o maior volume.

Esta posição esquelética, que está localizada no centro da face, cria alterações extensas em toda a face, olhos e lábios, fazendo com que a pessoa pareça mais velha e dando um aspeto masculino à face nas mulheres. Ao efetuar esta cirurgia, todo o rosto e a tez sofrem alterações extensas que não se comparam a qualquer outro procedimento de cirurgia plástica facial. Se observarmos os narizes das pessoas em diferentes partes do mundo, veremos que no Extremo Oriente, as raças de pele amarela do Leste e Sudeste Asiático não têm corcunda e os narizes são, na sua maioria, pequenos, pelo que, nesta região, os cirurgiões plásticos estão mais preocupados em aumentar o nariz.

Na região da Índia e do Paquistão, os narizes tornaram-se maiores, mas ainda não têm uma corcunda, e os africanos têm um nariz largo com pele grossa e sem corcunda ou afundado. Na Europa Oriental, o esqueleto nasal é pequeno, mas as asas são largas, e na Europa Ocidental, o esqueleto cartilaginoso e ósseo é geralmente pequeno. Na América do Norte e no Canadá, os índios, que eram os habitantes originais desta região, têm um nariz aquilino. São um pouco semelhantes aos habitantes do Médio Oriente. A raça hispânica refere-se aos habitantes da América do Sul que têm um esqueleto pequeno e uma pele espessa. Embora cada uma destas caraterísticas raciais exija o seu próprio método cirúrgico, como é sabido, o maior esqueleto nasal está relacionado com a região do Médio Oriente, onde a rinoplastia tem feito mais alterações. No Irão, a primeira cirurgia estética no sentido moderno foi realizada em 1928num hospital de Teerão. Isto significa que a idade da cirurgia plástica estética no Irão é de cerca de 80 anos. Embora este tipo de cirurgia tenha sido negligenciado nos seus primeiros anos, tem crescido rapidamente nos últimos anos. De acordo com estatísticas não oficiais, o Irão ocupa o primeiro lugar no mundo em termos de número de cirurgias estéticas.

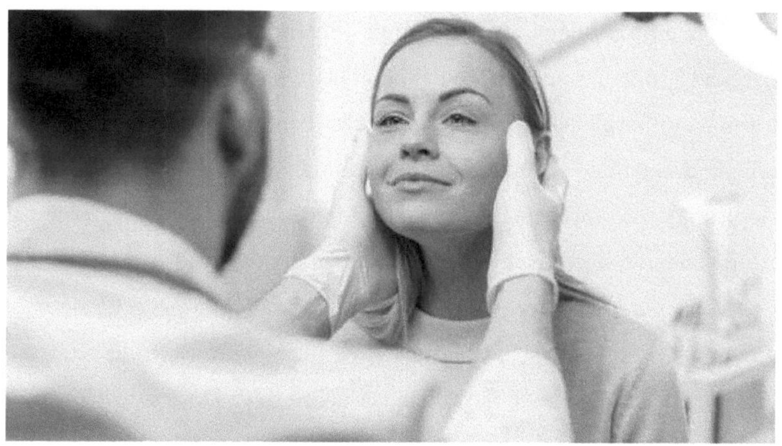

Figura 4. Cirurgia Plástica e Reconstrutiva

Depois do Irão, seguem-se os Estados Unidos, a Inglaterra e, em certa medida, a França. A história da primeira rinoplastia no Irão remonta a mais de 40 anos. Nessa altura, o falecido Dr. Osanloo regressou ao Irão após ter frequentado cursos em França e nos Estados Unidos e, como primeiro cirurgião plástico, realizou um grande número de cirurgias plásticas, especialmente rinoplastias, na sociedade iraniana da época. Ensinou este procedimento a outros colegas e formou muitos estudantes. Por fim, este tipo de cirurgia ganhou aceitação geral no Irão e foi gradualmente transferido para os especialistas em ouvidos, nariz e garganta.

Rinoplastia

A rinoplastia é um procedimento realizado para melhorar a função ou a aparência do nariz de uma pessoa. Esta cirurgia pode reduzir ou aumentar o tamanho do nariz, melhorar a função respiratória e também alterar a sua forma e torná-lo mais proporcional ao rosto. A rinoplastia pode alterar a forma da ponta ou da ponte do nariz, alterar o ângulo entre o nariz e o lábio superior, ou alterar o tamanho e o estreitamento das narinas. Este procedimento também pode corrigir defeitos de nascença, lesões provocadas por um acidente ou problemas respiratórios. Nem todas as cirurgias ao nariz são para fins de beleza e podem ser efectuadas para corrigir anomalias estruturais. Uma das razões mais comuns para a rinoplastia é a correção de um desvio do septo, que pode levar a problemas respiratórios, congestão crónica, gotejamento pós-nasal e até ronco. A rinoplastia pode ser efectuada para fins estéticos, correção de defeitos congénitos, problemas respiratórios e até correção de traumas psicológicos resultantes dos problemas acima referidos. Esta cirurgia é combinada com outros procedimentos cirúrgicos para melhorar os resultados estéticos. Atualmente, a rinoplastia é um dos procedimentos cirúrgicos mais comuns e populares no mundo, especialmente no nosso país, e os seus resultados dependem da perícia, ciência, precisão, estética, psicologia e sabedoria do cirurgião. Os cirurgiões iranianos que trabalham neste domínio têm uma vasta experiência e as suas opiniões são consideradas a nível mundial.

Tipos de rinoplastia

1- Rinoplastia primária: A rinoplastia primária refere-se a um procedimento cirúrgico realizado pela primeira vez num paciente por razões estéticas ou funcionais e restauradoras. A rinoplastia é um procedimento cirúrgico que pode restaurar a cobertura da pele, remodelar os contornos nasais normais e restaurar o fluxo de ar nasal. A maioria das pessoas submetidas a rinoplastia só precisa de ser operada uma vez para obter o resultado desejado. A causa mais comum de anomalias pós-rinoplastia é o não cumprimento das instruções de cuidados, como a não utilização de cola nasal, o que faz com que o nariz não cicatrize corretamente.

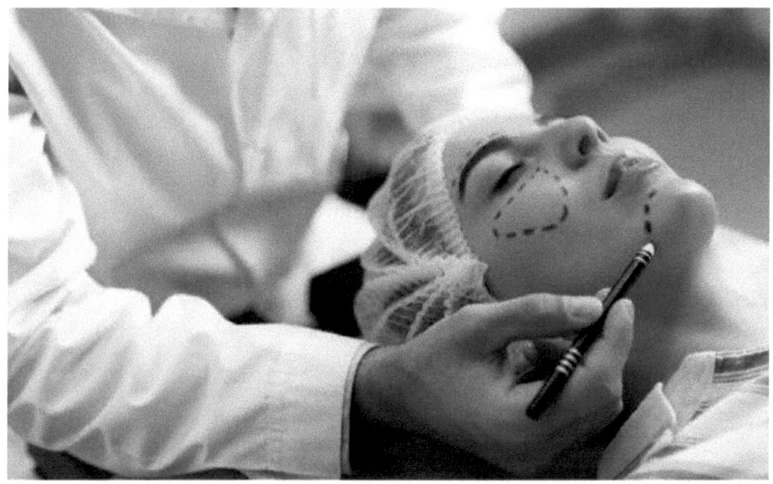

Figura 5. Limpeza cosmética: novas regras rigorosas para a cirurgia estética

2- Rinoplastia secundária: A rinoplastia secundária é geralmente efectuada para corrigir o procedimento primário ou para rever a cirurgia de modo a obter um resultado satisfatório para o paciente. De um ponto de vista científico, entre 5% e 20% das cirurgias primárias podem não ser satisfatórias. Existem normalmente duas razões principais para a realização de uma rinoplastia secundária: a correção de anomalias nasais estéticas ou a correção de problemas funcionais e respiratórios. Naturalmente, dependendo da habilidade e experiência do cirurgião, as estatísticas acima variam e reduzem-se a cerca de 1% a 3%. A revisão secundária do nariz tem métodos complexos, mas a maioria dos especialistas e cirurgiões também utiliza a cirurgia aberta neste procedimento. Com os extraordinários e muitos avanços que ocorreram atualmente nas técnicas de cirurgia estética, os resultados satisfatórios tornaram-se muito mais frequentes.

3- Rinoplastia reconstrutiva: O objetivo da rinoplastia reconstrutiva é restaurar a forma e a função do nariz para o seu estado normal e estabelecer o fluxo de ar através dele para uma respiração normal. A cirurgia reconstrutiva é efectuada por qualquer uma das seguintes razões:

- ✓ Utilização de medicamentos através do nariz.
- ✓ Anomalia congénita.
- ✓ Cirurgia anterior imprudente.
- ✓ Doenças auto-imunes.
- ✓ Traumatismo físico.
- ✓ Problemas resultantes do cancro.

Novos conceitos de rinoplastia

A rinoplastia é um procedimento cirúrgico em que são efectuadas alterações na pele, cartilagem e osso nasal, o que provoca alterações na aparência e função do nariz. O tipo de incisões utilizadas nesta cirurgia leva à sua classificação em fechadas ou abertas. A rinoplastia é, sem dúvida, a cirurgia plástica mais difícil, mesmo para os cirurgiões que a realizam todos os dias. As complicações da rinoplastia são discutidas e estudadas todos os dias nas sociedades científicas como um vasto e importante campo da cirurgia. Muitos cirurgiões de nariz desistem e deixam esta cirurgia de lado no início ou após algum tempo.

Estatísticas sobre a tendência das pessoas para se submeterem a uma cirurgia estética

Devido às complicações causadas pela cirurgia estética, o número de candidatos a estes procedimentos continua a aumentar de dia para dia. De acordo com a Sociedade Americana de Cirurgia Estética e Plástica, em 2007, foram efectuadas mais de 11,7 milhões de cirurgias estéticas nos Estados Unidos, o que representa um aumento de 142% em relação a 1997. No Irão, em 2012, foram realizadas cerca de 240 000 cirurgias estéticas, sendo que mais de 90% dos pacientes eram mulheres, com idades estimadas entre os 15 e os 45 anos.

Teorias da cirurgia estética

1- O corpo como signo social: Esta abordagem considera que o consumismo da identidade e o centramento do consumo no corpo na sociedade moderna são a principal razão para comportamentos como a cirurgia estética. De facto, os comportamentos centrados na beleza e na atratividade física como parte de um estilo de vida podem atualmente diferenciar grupos diferentes. A importância do corpo e o consequente reflexo da identidade física dos indivíduos são algumas das consequências básicas de uma sociedade de consumo em que os indivíduos tentam construir um corpo social, ou seja, um corpo que seja aceitável para o sistema social em termos de aparência, maquilhagem e vestuário

A principal razão para a formação de tal perspetiva é a consideração da cirurgia estética como uma ação colectiva. Nesta perspetiva, a cirurgia estética na vida atual é uma forma racional de adquirir capital simbólico e até de o converter noutros tipos de capital para as mulheres. Os estudos sociais confirmam que a cirurgia estética do rosto é um discurso feminino para a formação do poder feminino. Neste caso, o corpo é um signo social para os indivíduos e as intervenções cirúrgicas são efectuadas para o modelar.

Figura 6. Popularidade da cirurgia cosmética

Por outro lado, há que ter em conta que esta ênfase no corpo e a importância especial que lhe é dada na sociedade de consumo moderna podem levar a justificações extremas e patológicas por parte de algumas mulheres para se conformarem e se conformarem com os modelos dominantes. A beleza é considerada uma componente importante do estatuto social na avaliação do estatuto social dos indivíduos na sociedade. No século XX, e especialmente nas últimas décadas, ganharam força novas e inovadoras percepções de beleza. Os corpos dos indivíduos são profundamente influenciados pelas experiências sociais, bem como pelas normas e valores dos grupos a que pertencem. De acordo com uma revisão das teorias sobre o corpo e a cirurgia estética, o corpo do indivíduo na sociedade é visto em várias áreas, como o corpo cultural, o corpo social, o corpo político e o corpo económico. O corpo é lido como um texto cultural quando os comportamentos do corpo na sociedade são considerados como comportamentos naturais. Eles acreditam que o comportamento corporal é um tipo de comportamento cultural e a relação da terapia comportamental com a cultura ilustra isso, e, portanto, esses comportamentos ligados à dignidade e ao status de cada indivíduo na hierarquia social.

Bourdieu e Elias mencionam o corpo como um centro de aquisição de estatuto, estatuto social e outras distinções. Por exemplo, Bourdieu considera que um corpo bonito é um sinal de felicidade e de estatuto. Bourdieu considera que as diferentes classes utilizam vários capitais simbólicos de acordo com a sua educação, conhecimentos e competências para expressar o seu estatuto social. A aparência dos indivíduos como símbolo e sinal de status é de grande importância e, no anonimato resultante, os indivíduos de classes baixas ou médias usam os símbolos de indivíduos e grupos com status mais elevado para ganhar um status mais elevado e alcançar maior respeito. Quando o corpo é visto como um corpo social, de acordo com Goffman, o indivíduo deve ser suficientemente cuidadoso com os movimentos e acções corporais que executa em frente dos outros e evitar qualquer negligência no controlo do seu corpo.

Isto porque as expressões faciais e os movimentos corporais são o conteúdo básico dos signos que condicionam a comunicação quotidiana das pessoas, e é desta forma que ele pode partilhar com os outros a produção e a reprodução das relações sociais e da sua identidade pessoal. Giddens acredita que a aparência do corpo inclui todas as caraterísticas superficiais do corpo do indivíduo.

Porque as pessoas utilizam-nos como sinais para interpretar as acções nas suas relações com os outros. Para Veblen, a mulher bonita é um símbolo de estatuto, não só não faz nada, como também não pode fazer nada. Os cabelos compridos, os saltos altos, os vestidos compridos e os acessórios do género pretendem mostrar que ela pertence a esse estatuto social superior. Na sua opinião, uma vez que nas sociedades civilizadas modernas, a fronteira entre as classes sociais é ténue e está a mudar. Consequentemente, os membros de cada estrato social imitam o estilo de vida habitual do estrato superior. Uma vez que estão privados da fama e do respeito do estrato superior, tentam conformar-se, pelo menos na aparência, às suas regras e normas aceites. Berger e Luckmann (1996) acreditam que a sociedade não só molda o corpo, mas também os comportamentos corporais construídos e fabricados pela sociedade. Por conseguinte, o corpo está sujeito ao poder social e à opressão, e o corpo é moldado num contexto político.

Este poder exercido pelas estruturas da tecnologia médica e pela utilização de ideologias, através de estímulos e disciplina internos provenientes das estruturas e controlos impostos pela sociedade e através de pressões externas e internas que as feministas propuseram, que pressionam os indivíduos a obedecer a estes poderes.

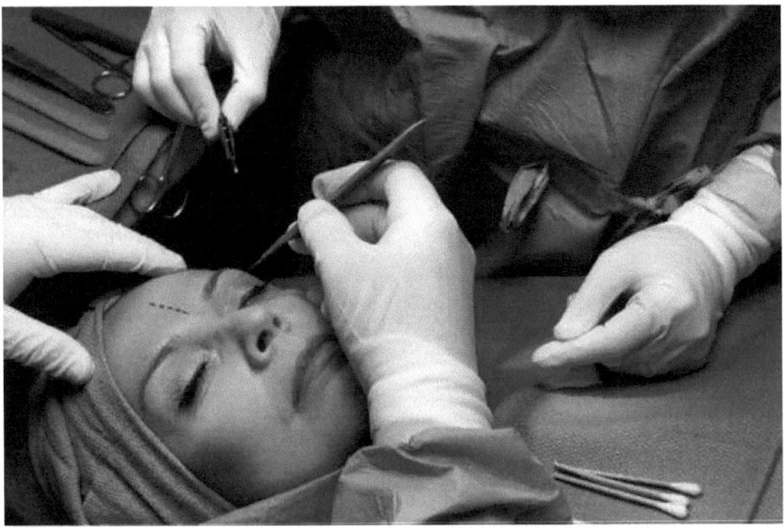

Figura 7. A cirurgia plástica mais popular

As pressões exercidas sobre as mulheres para se conformarem com os padrões de beleza fazem com que as mulheres alcancem uma imagem diferente da sua aparência e se sintam alienadas dos seus corpos. Morgan e Bourdieu também acreditam que as mulheres se tornam discursos na maquinaria do poder e tornam obrigatórios os seus compromissos com as tecnologias da beleza.

Por conseguinte, afirma que as mulheres que fazem cirurgia estética adquirem uma sensação de poder e de controlo, mas, por outro lado, afirma que estes discursos de poder são para a economia de consumo. Giddens considera que as mulheres dão mais importância à sua atratividade física do que os homens e, atualmente, expressam o seu protesto fazendo alterações sérias e bem sucedidas na aparência dos seus corpos.

Para ele, o fator que criou esta situação foi a formação de novas fontes de identidade. Giddens considera que a modernidade está ligada a projectos corporais que ajudam os indivíduos a serem quem são, a medicina tornou-se de alta tecnologia, a cultura de consumo tornou-se altamente centrada no corpo e os media aumentaram a capacidade das pessoas para lidarem com a questão da beleza e do corpo irreal. Neste sentido, o corpo tornou-se um lugar para a criação de desejos e ideais humanos.

Feministas e cirurgia estética

As feministas opõem-se geralmente à cirurgia estética. Algumas delas são particularmente críticas de uma cultura que encoraja as mulheres a submeterem-se a cirurgias em nome da beleza e vêem a cirurgia estética como muito vulnerável para as mulheres. Outras, apesar da sua crítica geral à cirurgia estética, têm uma visão mais moderada e argumentam que os pacientes de cirurgia estética são capazes de demonstrar agência, racionalidade e auto-controlo sobre as suas decisões de tratamento.

As feministas da oposição enfatizam a natureza patriarcal da medicina, a medicalização das decisões sobre o envelhecimento, o poder das clínicas e a proteção legal desses médicos. Algumas feministas críticas enfatizam os efeitos das pressões culturais patriarcais sobre as mulheres para que se conformem com os ideais de beleza estereotipados do género e acreditam que esta tendência para se submeterem à cirurgia estética resulta de uma cultura dominante que contém pressões patriarcais e médicas que limitam a capacidade das mulheres para controlarem os seus corpos.

Também chamam a atenção para a especificidade dos corpos das mulheres durante a cirurgia estética. Por exemplo, as feministas construcionistas sociais defendem que os tipos de corpo ideais são todos produtos da ideologia, das práticas e do sistema de castas da sociedade de género. As feministas marxistas também consideram que o capitalismo e os enormes lucros que os capitalistas obtêm ao obrigarem as mulheres a submeterem-se a cirurgias e a usarem cosméticos são razões importantes para a promoção e a prevalência de tais práticas na sociedade. Outro grupo de feministas adoptou uma abordagem mais moderada. Defendem que, na cirurgia estética, é preferível que as mulheres resistam às pressões culturais patriarcais através de escolhas individuais.

As feministas liberais falam da agência dos indivíduos que recorrem à cirurgia estética e consideram-na um sinal de auto-controlo, independência e escolha individual. Estas feministas consideram o poder de escolha das mulheres como um fator na prática da cirurgia estética e, com base nisso, acreditam que, embora as mulheres possam recorrer à cirurgia estética sob pressões culturais, é o sentimento de satisfação, a objectificação e a luta pelo controlo dos seus corpos que devem ser tidos em conta na análise. Nesta perspetiva, as mulheres suportam o risco e a dor para alcançar um poder que as tornaria imunes em qualquer outro lugar.

Escolher como mudar o seu corpo dá-lhe, pelo menos, um grau moderado de auto-determinação. Uma mulher assim sente que escolheu a sua própria identidade. As feministas consideram que o corpo é o foco da análise e da crítica cultural, sendo um dos seus aspectos a tirania masculina. As feministas radicais atribuem grande importância ao corpo como base de opressão e lutam contra todos os meios que simbolizam a feminilidade e separam os homens das mulheres. Na perspetiva feminista, as mulheres cuidam mais do seu corpo para que o seu parceiro, que é provavelmente o seu cônjuge, possa ficar mais satisfeito.

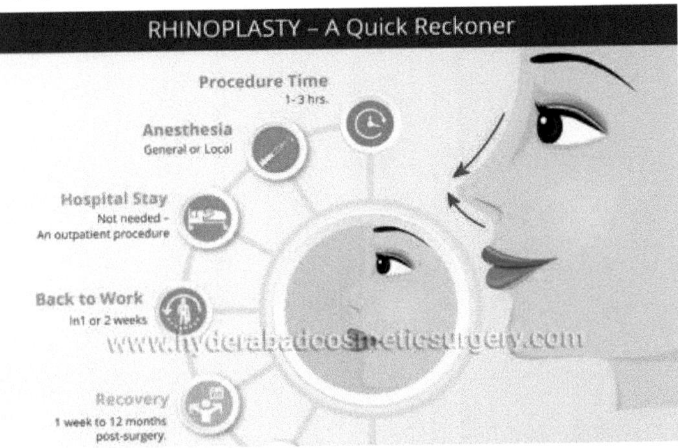

Figura 8. Cirurgia do nariz, cirurgia de rinoplastia

Capítulo II
Motivo da rinoplastia

A rinoplastia é uma das cirurgias cosméticas mais comuns e o tipo mais comum de cirurgia plástica facial. Observando atentamente as cirurgias cosméticas comuns nos Estados Unidos, podemos ver que a rinoplastia é a segunda cirurgia mais popular e popular nos Estados Unidos. No Irão, devido ao tipo de vestuário usado pela sociedade e, especialmente, ao vestuário especial usado pelas mulheres iranianas, as pessoas que procuram equilíbrio e beleza nos seus rostos geralmente acolhem este procedimento.

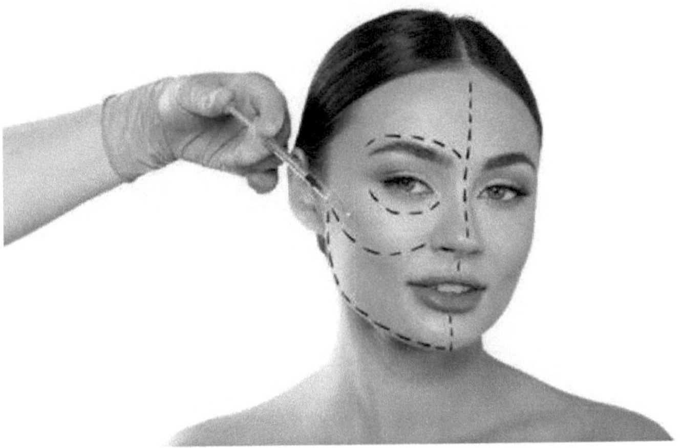

Figura 9. Consulta de Cirurgia Cosmética

Complicações da cirurgia estética

Os cirurgiões referem muitas complicações e malefícios dos procedimentos estéticos. Entre esses danos, podemos citar os danos causados pela rinoplastia:

- ✓ Problemas respiratórios.
- ✓ Dor de frio.
- ✓ Constipações de longa duração.
- ✓ Letargia.

✓ Sonolência.

✓ O tédio e o aborrecimento.

✓ Nervosismo.

✓ Peso e pressão na cabeça e no rosto.

✓ Problemas respiratórios durante o sono.

✓ Problemas psicológicos.

Para além disso, os danos causados pela lipoaspiração incluem o risco de anestesia, a acumulação de sangue sob a pele e, por vezes, a morte do paciente. A motivação de todos os pacientes para esta cirurgia em todo o lado tem muitas coisas em comum. No entanto, em função das caraterísticas sociais, culturais e geográficas, pode ter origens diferentes e, consequentemente, criar por vezes expectativas e anseios diferentes que, tendo em conta tanto a perspetiva do doente como a do médico, podem ser eficazes na análise do resultado da operação.

O objetivo da rinoplastia deve ser algo claro antes da operação, e o doente e o médico devem chegar a um entendimento mútuo dos desejos e possibilidades disponíveis e compreender as expectativas um do outro.

A rinoplastia é um dos procedimentos de cirurgia estética mais difíceis, comuns, desafiantes e, ao mesmo tempo, mais interessantes, e nunca se pode fazer uma afirmação definitiva sobre o seu resultado. Porque a dinâmica do tecido nasal tem um impacto direto no seu resultado e, segundo um cirurgião, é como um jogo de xadrez entre o paciente e o médico. Uma das questões mais importantes nesta operação é a seleção correta do paciente, e outro ponto importante é tentar criar um nariz com uma aparência natural e em harmonia com as outras partes do rosto.

As possíveis complicações desta cirurgia são discutidas com o doente e dependem, em certa medida, do desempenho do médico. Estas complicações podem incluir as seguintes:

✓ Equimose da pálpebra e hemorragia subconjuntival.

✓ Inchaço do nariz, dormência da ponta do nariz.

✓ Dormência dos dentes, perturbações olfactivas.

✓ Hemorragia nasal grave, infeção no local da ferida.

✓ Corrimento nasal, assimetria no nariz.

✓ Cicatriz no local da incisão, perfuração do septo nasal.

✓ Obstrução nasal, desvio nasal.

✓ Nariz em forma de sela e afundado.

✓ Indentação nas paredes laterais do nariz.

✓ Ponta nasal descaída, Deformidade acima da ponta nasal.

✓ Sinusite, corrimento pós-faríngeo.

✓ Rinite atrófica e nariz seco, fuga de fluido cerebrospinal.

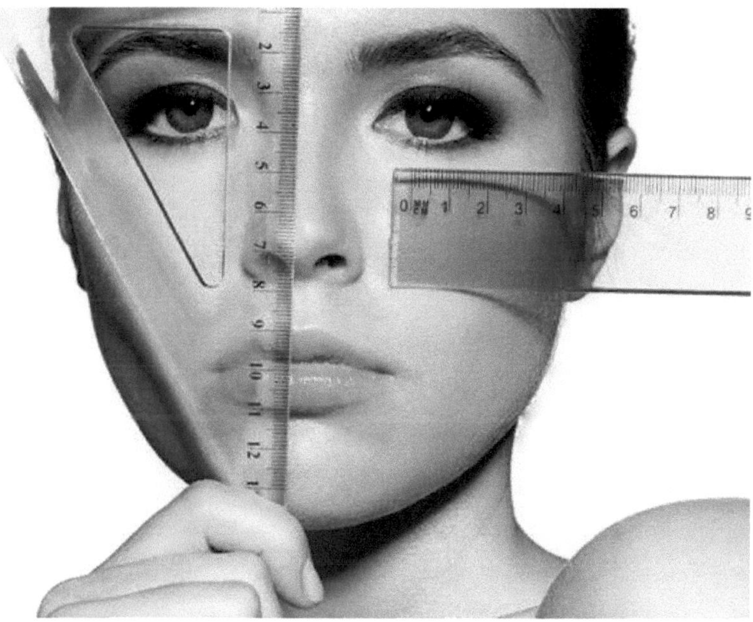

Figura 10. Tendências da Cirurgia Plástica

Benefícios da rinoplastia

Quando a rinoplastia melhora e equilibra a aparência física de uma pessoa, pode aumentar muito a sua auto-confiança, tanto nas interações sociais como nos percursos profissionais, tanto para mulheres como para homens. A rinoplastia pode transformar e melhorar completamente o aspeto geral de uma pessoa, bem como a perceção que os outros têm dela.

Rinoplastia para aumentar a auto-confiança

Em algumas pessoas que têm um nariz grande ou irregular, a cirurgia ajuda a aumentar a auto-confiança, mas quase nunca tem um bom resultado nos doentes. Um terço destes doentes fica sem casa. Porque estão preocupados com o facto de serem ridicularizados pelos outros, e até cerca de um quinto deles tentam o suicídio, mas pode dizer-se com segurança que uma grande parte destes doentes evita encontros sociais e profissionais e o seu funcionamento social diminui.

As pessoas que mais procuram a beleza

De acordo com estudos realizados, maioritariamente em países europeus e americanos, cerca de 20% das pessoas que se submetem a rinoplastia sofrem de perturbações psicossomáticas, como ansiedade, obsessão e depressão, e cerca de 70% sofrem também de perturbação de personalidade narcísica e perturbação de personalidade obsessivo-compulsiva, sendo que apenas 10% das cirurgias se devem a um nariz verdadeiramente anormal. Em termos de idade, a rinoplastia é mais frequente entre os 15 e os 25 anos e é mais comum entre pessoas instruídas e ricas.

No entanto, as classes sociais médias e baixas também se submetem a este procedimento, apesar do seu elevado custo, colocando pressão sobre si e sobre as suas famílias. Há pacientes que se submetem à rinoplastia, mas ainda se sentem desconfortáveis. Porque na psiquiatria existe um distúrbio chamado distúrbio dismórfico corporal, que é um distúrbio somatoforme e há um sentimento subjetivo persistente sobre a feiúra de algum aspeto da aparência ou do rosto das pessoas, mesmo que a sua aparência seja normal ou quase normal. A base desta perturbação é uma forte crença ou medo patológico de que a sua aparência não é atractiva ou é mesmo repugnante.

Estas pessoas recorrem mais a dermatologistas ou cirurgiões plásticos do que a psiquiatras. Os sintomas desta doença incluem crença clara ou delírio de atribuição, evitar espelhos e superfícies transparentes ou vice-versa, olhar excessivamente para o espelho e tentar esconder o suposto defeito. O tratamento através de métodos cirúrgicos ou de tratamentos cutâneos, quase sem exceção, não é bem sucedido.

Pelas mesmas razões, essas pessoas também terão problemas após a operação e o seu nariz pode ficar pior do que antes da operação. O stress e a depressão aumentam.

Padrões de personalidade dos candidatos a rinoplastia

Dezenas de milhares de pessoas submetem-se todos os anos a cirurgias estéticas para melhorar o aspeto do seu corpo. Por exemplo, em 1994, a Sociedade Americana de Cirurgiões Plásticos e Reconstrutivos informou que os seus membros tinham efectuado mais de 390.000 cirurgias estéticas, incluindo lipoaspiração (remoção de gordura de várias áreas do corpo), aumento dos seios, rinoplastia e lifting facial.

Estas cirurgias são frequentemente efectuadas para aliviar a insatisfação das pessoas com a sua aparência e, por vezes, para aumentar a autoestima. Alguns cientistas sociais descobriram, nas últimas três décadas, que as pessoas associam a atratividade física a traços de personalidade desejáveis, incluindo inteligência, competência e aceitação social. As avaliações psiquiátricas de pessoas que procuram cirurgia estética foram relatadas pela primeira vez nas décadas de 1940 e 1950.

Figura 11. Cirurgia Plástica de Lancaster

Estes relatórios reflectiam largamente as tendências psicanalíticas da psiquiatria americana, que considerava estas pessoas como psicopatas ou narcisistas. Nas décadas de 1970 e 1980, as avaliações psicológicas de pacientes antes e depois da cirurgia estética ganharam atenção. Os estudos que examinaram o estado psicológico antes da cirurgia estética basearam-se em entrevistas clínicas ou utilizaram escalas psicológicas para avaliar a psicopatologia. A maioria dos estudos que se basearam em entrevistas clínicas relataram psicopatologia significativa em pacientes de cirurgia estética.

Num estudo, 70% dos pacientes foram diagnosticados com um distúrbio psiquiátrico, sendo os mais comuns a depressão psicótica e o distúrbio de personalidade passivo-agressivo. Num grupo de candidatos a lifting facial, candidatos a rinoplastia, candidatos a aumento mamário e candidatos a remodelação da face e do crânio, foram relatadas caraterísticas patológicas como depressão psicótica e perturbação da personalidade passivo-agressiva. Napoleon (1993) relatou que 70% dos pacientes de cirurgia estética tinham um distúrbio de personalidade do Eixo II e 19,5% tinham um distúrbio do Eixo I.

Apesar de o estudo Napoleon ter critérios de diagnóstico bem estabelecidos e ser melhor do que os estudos iniciais, a utilização de uma entrevista clínica não específica e a falta de fiabilidade diagnóstica entre entrevistadores podem ser a razão para a elevada prevalência de perturbações do Eixo II nesta amostra. Os estudos que utilizaram testes padronizados para avaliar a psicopatologia em candidatos a cirurgia estética relataram níveis mais baixos de psicopatologia em comparação com os achados de outros. A medida de psicopatologia mais amplamente utilizada tem sido o questionário MMPI.

Num estudo que utilizou o MMPI, não se registou qualquer psicopatologia significativa em 50 pacientes pré-operatórios de lifting facial. Para além disso, os perfis clínicos do MMPI de 10 candidatas a mamoplastia de aumento e os resultados de dois estudos sobre candidatas a rinoplastia foram consistentes com os resultados acima referidos. Uma das principais falhas destes estudos foi a utilização de testes que não foram concebidos para avaliar estes indivíduos. Estes estudos indicam que a maioria dos candidatos a cirurgia estética não tem uma perturbação psiquiátrica grave do Eixo I (na SM).

Alamdarsaravi (2003) examinou candidatos a cirurgia estética usando as escalas de transtornos de personalidade do MMPI. Os resultados do estudo mostraram que o padrão de personalidade narcisista obsessivo-compulsivo era o padrão de personalidade mais comum entre os candidatos a rinoplastia.

Andreasen e Bardach (1977) também apontaram a associação de traços narcísicos com o perfeccionismo obsessivo nestes indivíduos. Acreditam que o perfeccionismo destes indivíduos se centra em si próprios e tem como objetivo aumentar a beleza ou a inteligência. Alguns investigadores acreditam que estes doentes retiram a maior parte da sua autoestima da sua aparência e procuram a cirurgia quando a sua autoestima está em baixo.

Cash e Labarge (1996) apresentaram um modelo cognitivo-comportamental da relação entre a imagem corporal e a autoestima, denominado cognitive schema theory. Neste modelo, a autoestima está intimamente relacionada com os sentimentos sobre a aparência física, e a importância do esquema da imagem corporal para a autoestima global no autoconceito das mulheres é mais importante do que no dos homens, o que torna as mulheres mais susceptíveis de recorrer à cirurgia estética do que os homens.

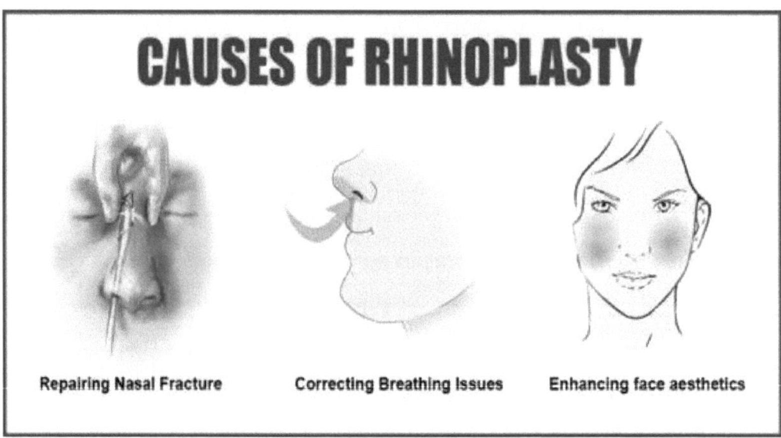

Figura 12. O que é a rinoplastia?

A razão para este facto é a aceitação cultural das mudanças de aparência nas mulheres. Porque a cirurgia estética é considerada normal e normal nas mulheres, e uma forma de disforia e perturbação do género nos homens.

Perturbações mentais em candidatos a cirurgia estética

Na sociedade atual, altamente dinâmica e acelerada, em que as primeiras impressões e as impressões do outro lado são importantes, a aparência dos indivíduos, os símbolos e sinais exteriores, ganham grande estatuto e importância. Assim, a beleza é considerada como um dos componentes do estatuto social na avaliação da situação social dos indivíduos na sociedade. A formação de um fenómeno chamado cirurgia plástica, talvez a maior ajuda possível para aqueles que estavam insatisfeitos com a sua aparência e aspeto. Durante os últimos 20 anos, foram alcançados desenvolvimentos nos métodos e pormenores da cirurgia estética que resultaram em benefícios significativos para o cirurgião e para o doente.

Atualmente, a cirurgia estética é considerada um dos procedimentos cirúrgicos mais comuns no mundo, e a sua utilização está a aumentar. Desde que os avanços da ciência médica tornaram possível ao ser humano manipular e alterar a aparência das pessoas, tem havido uma grande procura de cirurgia estética por parte das pessoas. Por outro lado, o estado psicológico e a personalidade dos candidatos também têm influenciado a realização desta ação.

Ishigooka (1998), num estudo sobre 415 pacientes que se candidataram à cirurgia estética, com o objetivo de determinar as caraterísticas psiquiátricas, verificou que a presença de perturbações neuróticas, depressão, fobias e desajustes sociais entre eles era mais significativa do que outras perturbações. A este respeito, Moss, em 2009, verificou que, antes da cirurgia estética, o nível de ansiedade e depressão dos candidatos à cirurgia estética era 7,4 e 7,6 por cento superior ao do grupo de controlo, respetivamente. Estas pessoas também apresentavam desajustes e perturbações noutros aspectos e relações sociais.

Marsh, em 2000, num estudo, examinou a relação entre a insatisfação corporal dos candidatos a cirurgia estética e a ansiedade, a depressão, o isolamento social, as perturbações psicóticas, as obsessões, o enfraquecimento do autoconceito e da autoconfiança.

Green e Pritchard (2003) também relataram que a insatisfação corporal e a preocupação com a mudança do corpo são mais comuns entre os jovens que se submetem à cirurgia estética. Num estudo, os candidatos a cirurgia estética mostraram maiores melhorias na sensibilidade interpessoal, preocupação com a aparência, assertividade, auto-confiança e ajustamento social após o procedimento. Tal como outras especialidades da medicina, as intervenções cirúrgicas estéticas devem ser submetidas a ensaios clínicos rigorosos antes de serem aplicadas aos pacientes.

A linha que separa a inovação cirúrgica da experimentação humana é ténue, e a tónica deve ser sempre colocada na proteção da saúde e do bem-estar dos pacientes. A este respeito, um estado mental saudável é também um fator determinante no nível de satisfação após a cirurgia estética, que é mais importante do que a técnica cirúrgica. Num estudo realizado com 151 candidatos a cirurgia estética, através do questionário SCL-90, observou-se que 70,1% dos candidatos apresentavam sintomas psicológicos positivos, 27,8% apresentavam perturbações de queixas somáticas, 13,9% perturbações paranóides, 9,9% agressividade, 3,7% fobias, 6% psicose, 6,2% obsessões, 1,3% ansiedade e 1,3% perturbações de relacionamento interpessoal.

Em 2009, Masoudzadeh e colegas utilizaram o Questionário de Personalidade de Cinco Factores e Saúde Geral para examinar 50 indivíduos que se candidataram a rinoplastia e descobriram que estes indivíduos tinham um padrão de personalidade de abertura e extroversão, instabilidade emocional e agradabilidade, e o seu estado de saúde geral incluía queixas físicas, ansiedade, depressão e distúrbios do sono. A cirurgia cosmética tornou-se tão difundida na sociedade moderna que pode até ser considerada uma epidemia.

O efeito da rinoplastia na autoestima e na autoimagem negativa

A cirurgia estética é uma das questões importantes no domínio médico-cultural e encontra-se entre os temas estudados na sociologia do corpo. Estudos anteriores mostraram que a cirurgia estética aumentou na sociedade iraniana nos últimos anos e que são gastos anualmente 160 mil milhões de riais em procedimentos cosméticos. O Irão ocupa também o primeiro lugar no número de cirurgias estéticas realizadas no mundo.

Esta cirurgia é efectuada principalmente para eliminar a insatisfação das pessoas com a sua aparência e, em alguns casos, para aumentar a autoestima. O corpo dos indivíduos é influenciado pelas experiências sociais, especialmente pelas normas e valores dos grupos a que pertencem. Um dos aspectos psicológicos estudados em relação à cirurgia estética é a autoimagem negativa do indivíduo.

A sua principal caraterística é a preocupação do indivíduo com alguma anomalia física menor e a preocupação do doente com essa anomalia é excessiva e angustiante. As pessoas procuram mudanças através de dietas, exercício físico ou cirurgia estética para melhorar a imagem mental da sua aparência.

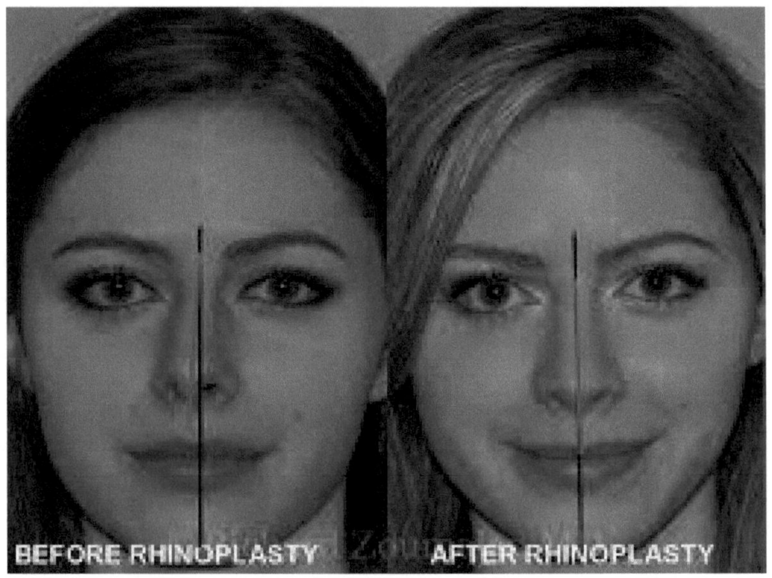

Figura 13. Razões específicas para optar pela rinoplastia

O âmbito da imagem mental negativa e da preocupação é muito vasto e afecta sobretudo os jovens. A preocupação mental mais comum está relacionada com a pele, o cabelo, o nariz, os olhos, a boca, os lábios, o maxilar e o queixo, mas a preocupação pode estar relacionada com várias partes do corpo em simultâneo. A imagem corporal foi definida pela primeira vez por Schilder em 1950, numa perspetiva psicológica, como a imagem do nosso corpo que formamos na nossa mente e as formas como o corpo nos aparece. Esta preocupação faz com que as pessoas gastem muito tempo e dinheiro a mudar a sua aparência.

A insatisfação com a imagem corporal tem consequências como ansiedade, depressão, isolamento social, perturbações mentais, enfraquecimento do auto-conceito e da autoestima. As pressões normativas impostas pela sociedade, especialmente a ocidental, pelas pessoas próximas e pelos meios de comunicação social, sobretudo às mulheres, afectam a imagem que têm do seu próprio corpo, e esta imagem indesejável leva à cirurgia estética. Assim, se não se sentirem negativas em relação ao seu corpo e estiverem satisfeitas com o seu corpo e aparência, é menos provável que se submetam a uma cirurgia estética. Estudos anteriores no domínio da análise da relação entre uma imagem corporal negativa e um maior desejo de mudar o seu corpo através da cirurgia estética. Além disso, dado que uma das dimensões da autoestima é o grau em que uma pessoa se sente satisfeita com as suas caraterísticas físicas, as mulheres que têm uma elevada auto-confiança são menos susceptíveis de se submeterem a uma cirurgia estética e, por outro lado, as mulheres que têm uma imagem corporal negativa são menos susceptíveis de se submeterem a uma cirurgia estética.

Outros estudos demonstraram que a cirurgia estética tem um efeito positivo significativo na auto-confiança, na autossatisfação, na auto-identidade física, na auto-identidade familiar e na auto-identidade social. Outros estudos de acompanhamento examinaram os efeitos a longo prazo da cirurgia estética. Por exemplo, demonstrou-se que a cirurgia estética antes de vários anos de acompanhamento foi eficaz para melhorar a autoimagem e a autoestima de uma pessoa e levou a alterações no estado psicológico dos indivíduos. Além disso, nas pessoas que se submetem a uma cirurgia ao nariz, existe uma relação positiva e significativa entre a saúde mental e a autoimagem de uma pessoa antes e depois da cirurgia estética. Em resumo, estudos anteriores mostraram que a cirurgia estética pode ser uma causa de alterações psicológicas, incluindo um sentido de competência e autoestima.

Os investigadores demonstraram que a maior melhoria após a cirurgia estética é a satisfação com a aparência e a auto-confiança. Outros estudos também relataram uma elevada taxa de melhoria da imagem corporal e uma melhoria significativa da qualidade de vida e da autoimagem após a cirurgia. Estudos realizados no país mostraram que existe uma relação negativa entre depressão e avaliação da aparência após a cirurgia estética, bem como uma correlação negativa entre saúde mental, problemas físicos e atenção à aparência.

Os investigadores acreditam que a melhoria da perceção da aparência após a cirurgia estética tem um efeito significativo no aumento da autoestima das pessoas que se submetem à cirurgia estética. Cirurgia normalmente realizada para reduzir a insatisfação com a aparência e aumentar a autoestima. A cirurgia estética é mais frequentemente efectuada para eliminar a insatisfação das pessoas com a sua aparência. Uma explicação possível para o efeito observado da cirurgia estética na autoimagem negativa de uma pessoa é o facto de as pessoas que se submetem a cirurgia estética avaliarem e imaginarem a sua aparência externa de forma mais negativa do que as pessoas que não se submetem.

Crerand e Sarwer (2004) referiram a cirurgia estética como um meio de melhorar a aparência física e a saúde mental.

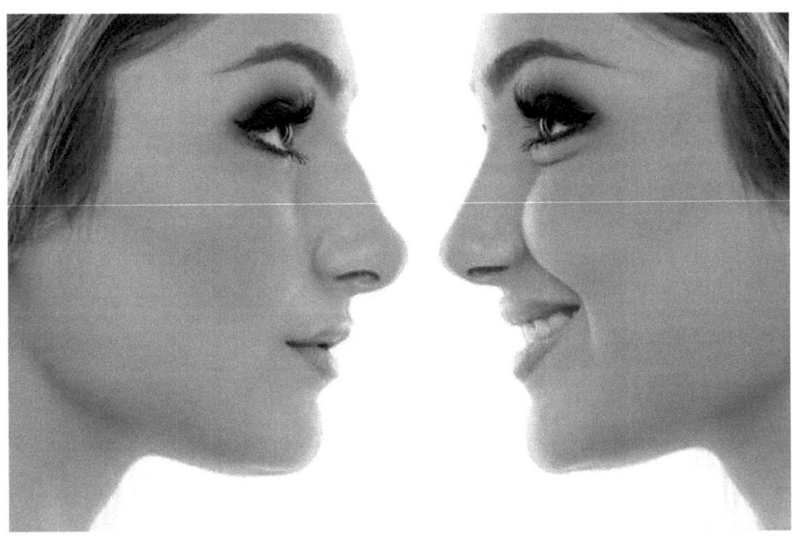

Figura 14. Benefícios surpreendentes da rinoplastia

Capítulo III

Stress, ansiedade e depressão em candidatos a cirurgia estética

Para conseguir uma vida saudável e satisfatória e para criar harmonia consigo próprio e com os outros, é essencial ter uma imagem mental realista e decente. Se uma pessoa se sentir bem consigo própria fisicamente, é mais provável que tenha uma imagem corporal positiva. No entanto, por vezes, o stress e a ansiedade, as opiniões autocríticas ou a baixa autoestima afectam a forma como uma pessoa se sente em relação ao seu próprio corpo, o que faz com que muitas pessoas mudem a sua aparência e se submetam a cirurgia plástica. Nos últimos anos, na maioria dos países desenvolvidos, a pressão social sobre a imagem corporal tornou-se significativa em relação ao peso e à forma do corpo e, para muitas mulheres, um corpo ideal e bonito, de acordo com os padrões sociais actuais, é ter um corpo magro ou menos musculado. Já para os homens, o ideal é ter um corpo com mais músculos. A imagem corporal está relacionada com a relação pessoal de uma pessoa com o seu corpo, especialmente com as crenças, pensamentos, percepções, sentimentos e actividades da pessoa relacionados com a sua aparência física.

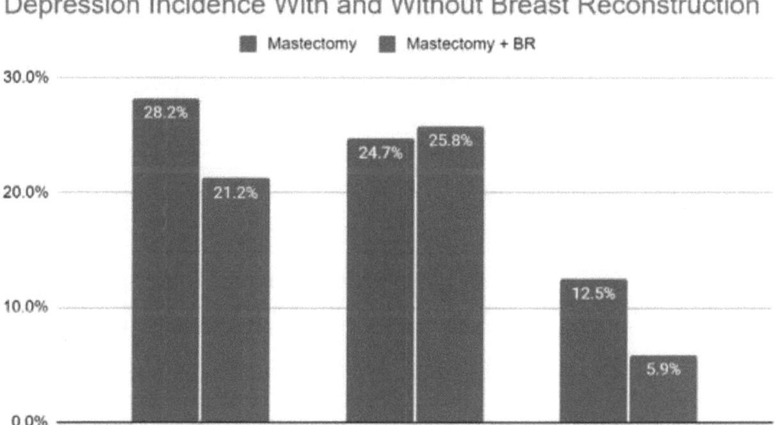

Figura 15. Diferenças raciais na incidência de ansiedade e depressão

De acordo com a investigação de Iverson e colegas (2005), que examinaram a relação entre o autoconceito corporal, a depressão, o stress e a ansiedade num grupo de adolescentes suecos? Verificou-se que a diferença entre as auto-avaliações da pessoa e os seus padrões ideais em relação à aparência física era baixa e que a pontuação da imagem corporal da pessoa apresentava uma correlação elevada com atitudes positivas em relação à magreza, humor negativo, sintomas de stress e ansiedade e medos sociais, bem como ansiedade física. A imagem corporal é uma dimensão importante da autoimagem e da autoavaliação durante a adolescência e é frequentemente definida como um grau de satisfação com a própria aparência física, que é considerada importante durante a adolescência devido aos efeitos psicológicos complexos que afectam todo o auto-conceito.

Perturbação dismórfica corporal

A principal caraterística da perturbação dismórfica corporal, anteriormente designada por fobia dismórfica, é a preocupação com algum tipo de defeito na aparência, quer este defeito seja imaginário, quer se trate de uma pequena anomalia física, a ansiedade do doente é excessiva e angustiante. A prevalência da perturbação dismórfica corporal na população em geral foi relatada em dois estudos como sendo de 0,7%, com uma elevada prevalência entre adolescentes e jovens adultos. A prevalência da perturbação dismórfica corporal no domínio da cirurgia estética é de cerca de 5% e nas clínicas de cirurgia dermatológica é de 12%. Existe uma associação frequente entre a perturbação dismórfica corporal e outras perturbações, especialmente com depressão, fobia social e perturbação obsessivo-compulsiva. Existem caraterísticas semelhantes na patologia da perturbação dismórfica corporal com a perturbação obsessivo-compulsiva e a fobia social. Mesmo com base na forte semelhança entre estas duas perturbações, a perturbação dismórfica corporal é por vezes conceptualizada como um espetro da perturbação obsessivo-compulsiva.

Perturbação Dismórfica Corporal e Metacognição

A metacognição é qualquer tipo de conhecimento ou processo cognitivo em que haja avaliação ou controlo cognitivo. Num certo sentido, pode ser considerada como um aspeto geral da cognição que desempenha um papel em todas as actividades cognitivas. Adrian Wells introduziu pela primeira vez a terapia metacognitiva. A razão para o aparecimento da terapia metacognitiva foi o facto de preencher as lacunas da terapia cognitiva.

Este método de tratamento é diferente da terapia cognitivo-comportamental. Porque em vez de envolver pensamentos e crenças desafiantes sobre o trauma ou a exposição repetida e prolongada a memórias do trauma, o tratamento envolve envolver-se com os pensamentos de uma forma que evita a resistência ou a análise cognitiva complexa e pode eliminar estratégias de pensamento desadaptativas sobre a preocupação e a monitorização inflexível da ameaça.

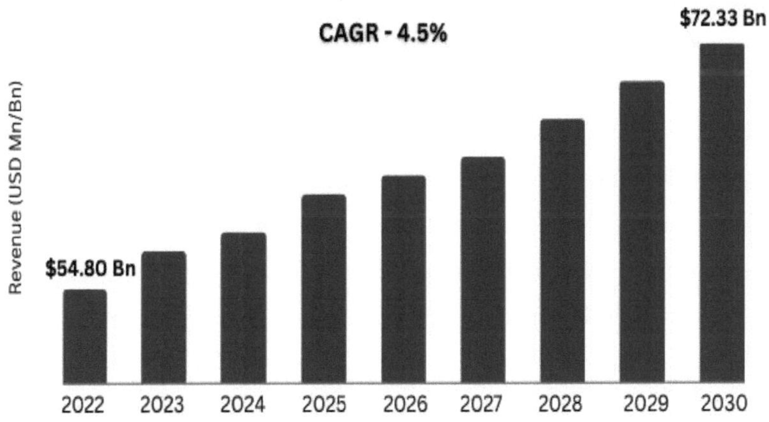

As teorias cognitivas forneceram explicações limitadas sobre as causas dos padrões de pensamento inúteis; a existência de crenças negativas não pode explicar especificamente o padrão de pensamento e as respostas subsequentes. O que é necessário aqui é ter em conta os factores que controlam o pensamento e alteram o estado de espírito. Estes factores são a base da teoria metacognitiva . Vários estudos mostraram que existe uma relação entre certos aspectos da metacognição e as perturbações psicológicas.

Atualmente, a cirurgia estética tornou-se uma preocupação importante. O número de cirurgias plásticas efectuadas nos Estados Unidos em 2005 foi de cerca de 10,2 milhões, tendo aumentado para 11,7 milhões em 2007. As pessoas sentem cada vez mais uma necessidade interna de conformar a sua aparência a determinados modelos de beleza como norma social. No entanto, é importante compreender a fronteira entre o desejo comum de melhorar a aparência e a neurose. A insatisfação extrema com a aparência pode mascarar estados psicológicos patológicos, e negligenciá-la pode ter consequências médicas graves. Muitos factores podem afetar a autoestima de uma pessoa, incluindo a idade, o estatuto social e económico, os antecedentes familiares e a imagem corporal e psicológica.

As pessoas que se submetem a uma cirurgia plástica fazem-no frequentemente devido a uma baixa autoestima e a uma falta de autoimagem positiva, a uma deformidade física ou para chamar a atenção do público. Ter baixa autoestima e sentir-se pouco atraente física e sexualmente aumenta a probabilidade de as pessoas se submeterem a cirurgia plástica. A cirurgia plástica divide-se geralmente em duas categorias principais: reconstrutiva e cosmética.

As cirurgias reconstrutivas são necessárias para restaurar o funcionamento físico e social normal dos indivíduos. Uma criança que tenha perdido uma orelha é suscetível de sofrer de problemas psicológicos que afectam o seu auto-conceito. Muitas cirurgias plásticas ajudam estes indivíduos a melhorar a sua qualidade de vida social. No entanto, as cirurgias estéticas são frequentemente efectuadas devido à insatisfação das pessoas com defeitos menores e imaginários na sua aparência e têm geralmente origem em problemas psicológicos. O estudo de Swamy et al. mostrou que as pessoas que têm uma pontuação mais baixa nas escalas de flexibilidade e intelectualidade e mais alta nas escalas de conscienciosidade e neuroticismo são mais susceptíveis de recorrer a tais procedimentos para se adaptarem melhor ao ambiente . Além disso, as mulheres são mais susceptíveis de se submeterem a uma cirurgia estética do que os homens. Enquanto outros investigadores, como Frederick et al. e Sherry, relataram o resultado oposto. Problemas e distúrbios psicológicos são comuns entre os candidatos à cirurgia plástica. Sentimentos de defeitos físicos, especialmente quando os defeitos são imaginários ou muito pequenos e ligeiros, estão entre as caraterísticas que a maioria dos candidatos a tais cirurgias têm.

São frequentemente provocadores de ansiedade e causam um declínio das funções do indivíduo nas áreas das relações interpessoais, familiares, sociais e profissionais. Alguns estudos demonstraram que as pessoas que se submetem a cirurgia estética, apesar de apresentarem defeitos menores na sua aparência, sofrem frequentemente de sofrimento psicológico, baixa autoestima e imagens físicas distorcidas de si próprias, sendo o seu perfil psicológico diferente do das pessoas normais. A perturbação dismórfica corporal é muito comum em candidatos a cirurgia plástica e está frequentemente associada a perturbações clínicas do eixo 1, como depressão grave, perturbação obsessivo-compulsiva, fobia social, perturbação de pânico e abuso de substâncias. As perturbações da personalidade ou diagnósticos do eixo 2 são também muito comuns nestes indivíduos. Os resultados mostram que 48-57% das pessoas com TDC preenchem critérios de diagnóstico para pelo menos dois tipos de perturbações da personalidade.

26% deles sofrem de 3 tipos e 4% de 4 tipos de perturbações da personalidade concomitantes. Os grupos C e B têm uma prevalência mais elevada de perturbações da personalidade nestes indivíduos (12-76%), e o grupo A tem uma prevalência mais baixa (10-40%). Os resultados do estudo de Grossbart e Sarver mostraram também que 71% dos candidatos a cirurgia estética recebem um diagnóstico de perturbação da personalidade. As mais comuns são narcisista (25%), dependente (12%), hiperactiva (10%) e borderline (9%). Outros investigadores também relataram a elevada prevalência de perturbações de personalidade narcisista e borderline, mas dado o grande volume de cirurgias estéticas e perturbações mentais associadas, quais são os resultados e consequências da cirurgia estética?

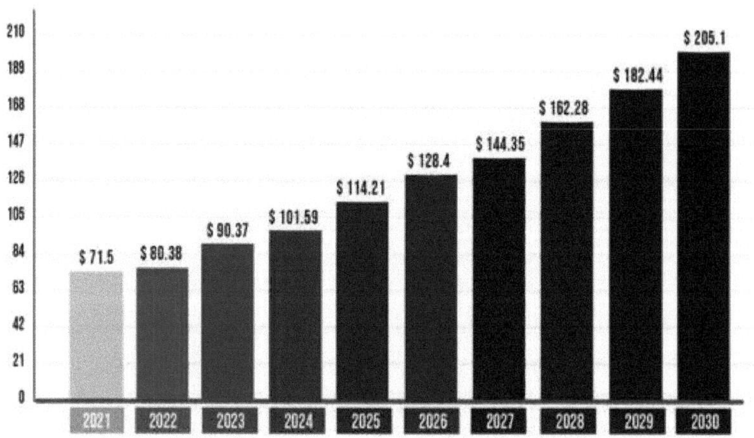

Figura 17. Mercado de Cirurgia Cosmética com projeção de expansão

Honigman e colegas responderam a esta questão num estudo de revisão. Em geral, os doentes estão satisfeitos com os resultados do processo de trabalho, embora alguns destes doentes também apresentem perturbações e desconforto transitórios, enquanto outros apresentam perturbações persistentes e de longa duração. Os factores associados a maus resultados psicológicos nestes indivíduos incluem ser jovem, do sexo masculino, ter expectativas irrealistas em relação à cirurgia, insatisfação com a cirurgia estética anterior, deformidades menores, cirurgia por motivos de comunicação e uma história de depressão, ansiedade e perturbações da personalidade. Alguns estudos demonstraram que a perturbação dismórfica corporal é também um fator de previsão de maus resultados após a cirurgia. Os relatórios e comentários dos últimos anos indicam que a beleza se tornou uma das principais preocupações dos iranianos.

Um sítio Web de língua inglesa, num relatório que cita estatísticas da Organização Mundial de Saúde, chama ao Irão a capital da rinoplastia no mundo. O volume do problema no Irão é também alarmante, e o nosso nível de consciência das questões psicológicas relacionadas com o mesmo no Irão é muito baixo. No estudo de Kerrand e Kanis, cujos resultados são consistentes com os do presente estudo, foram examinados 56 pacientes (11 homens, 45 mulheres) candidatos a cirurgia estética. Utilizando dois tipos de entrevistas de diagnóstico, foi determinado que a perturbação dismórfica corporal tinha a frequência mais elevada em comparação com a população em geral. A prevalência de perturbações de ansiedade, de humor e de dependência de álcool era também elevada. As taxas de ideação suicida (19% vs. 3%) e de tentativas de suicídio (7% vs. 1%) foram mais elevadas do que sem critérios.

Conceção 3D antes da cirurgia estética

O design 3D é uma das mais recentes tecnologias que veio ajudar os cirurgiões plásticos atualmente. Com a ajuda desta tecnologia, são tiradas fotografias de três pontos de vista diferentes do doente. De seguida, estas fotografias são preparadas no computador para simulação. Uma das melhores vantagens deste trabalho é o facto de o cirurgião poder examinar possíveis problemas que o doente possa ter e até problemas em que o próprio doente possa não se ter apercebido. Atualmente, a maioria dos cirurgiões plásticos utiliza software de imagem como o Photoshop para ajudar os pacientes a visualizarem o seu aspeto após a cirurgia. Os investigadores belgas afirmam que o seu novo algoritmo permite obter resultados mais realistas na rinoplastia. Primeiro, um modelo 3D criado com componentes prontos a usar. Quando a imagem é introduzida no software, este cria a melhor forma possível do nariz utilizando centenas de rostos previamente digitalizados como linhas de base. Combinamos isto com um algoritmo que se baseia nos rostos que foram digitalizados. Num artigo publicado em junho no Journal of Plastic and Reconstructive Surgery, os modelos impressos em 3D surgiram como uma nova ferramenta útil para o planeamento e a realização de rinoplastias. De acordo com o artigo "Ideas and Innovations" de Bardia Amirlak, um cirurgião da ASPS do University of Texas Southwestern Medical Center em Dallas, os modelos impressos em 3D específicos para cada paciente que reflectem a anatomia real em 3D fornecem ao cirurgião informações visuais e tácteis adicionais que podem ajudar a alcançar os resultados clínicos desejados.

Rinoplastia 3D (Simulação de Rinoplastia)

O sistema Vectra 3D/M3 é um sistema único de simulação de rinoplastia em 3D. Graças à tecnologia avançada deste sistema de visualização, pode imaginar como ficará o seu nariz após a rinoplastia.

Capacidades do sistema de imagiologia 3D

Esta nova tecnologia oferece capacidades de simulação cirúrgica e de visualização facial. Estas capacidades incluem:

- ✓ Rinoplastia.
- ✓ Revisão de rinoplastia.
- ✓ Profiloplastia.
- ✓ Cirurgia plástica do queixo.

Como é que o Sistema de Simulação de Rinoplastia funciona?

O processo começa com a recolha de imagens 3D do paciente com o dispositivo VECTRA 3D, o que demora aproximadamente um minuto. De seguida, com a ajuda do software Face Sculptor & Mirror, a simulação do resultado da sua rinoplastia é apresentada em 3D. As fotografias ajudam o processo de comunicação entre o cirurgião e o paciente. O paciente pode partilhar com o cirurgião as suas áreas desejadas, as suas expectativas e o resultado pretendido. O cirurgião, por sua vez, pode informar o paciente sobre as possibilidades e a extensão da cirurgia necessária para atingir e satisfazer as expectativas do paciente. As fotografias de múltiplas vistas captam diferentes ângulos do rosto do doente, o que, mais uma vez, ajuda a captar e a visualizar as áreas de interesse antes e depois da cirurgia.

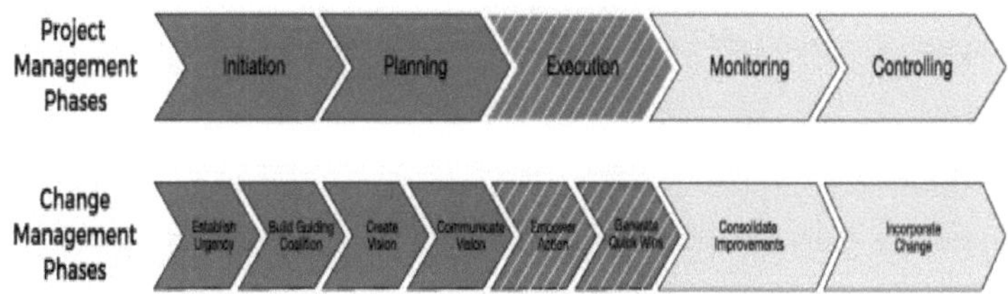

Figura 18. Um diagrama que mostra como funciona o processo de
simulação

Planeamento da cirurgia de rinoplastia e as vantagens da imagiologia 3D

Quando se trata de planear uma rinoplastia e uma cirurgia facial, a fotografia facial é uma parte essencial do tratamento. Fornece uma representação visual clara da área tratada. A fotografia pode captar assimetrias e anomalias subtis do rosto e do corpo do doente, que depois são identificadas, avaliadas e discutidas. Outros procedimentos comuns que são simulados virtualmente incluem:

- ✓ Mamoplastia (cirurgia do queixo), cirurgia mamária e mamoplastia de aumento.

Fotografia médica

Um ponto importante a considerar é a qualidade das fotografias. As fotografias são tiradas em ambientes cuidadosamente controlados, onde variáveis como a iluminação são monitorizadas. Isto minimiza a ocorrência de erros e as fotografias resultantes são o mais próximo possível da realidade. As selfies, que são fotografias tiradas à distância de um braço, distorcem as proporções faciais. As partes do rosto ou do corpo que estão perto da lente da câmara aparecem ampliadas e, muitas vezes, parecem maiores do que são. Caraterísticas como o nariz ou a ponta do nariz aparecem frequentemente maiores nas selfies.

Imagiologia 3D Vectra

A simulação por computador é útil para mostrar o que é realista e exequível com as áreas desejadas pelo doente. Esta tecnologia dá aos doentes e aos médicos a oportunidade de discutir as alterações necessárias.

No entanto, os doentes devem lembrar-se de que as imagens de computador são uma ferramenta baseada em previsões e não são uma verdadeira representação do resultado. As imagens geradas por computador e a realidade podem apresentar variações. A imagiologia é utilizada como uma ferramenta de formação que não garante resultados. A simulação pré-operatória utiliza imagens 3D para efetuar uma avaliação detalhada das caraterísticas do doente e simular alterações cirúrgicas precisas. A simulação criada permite ao cirurgião interagir com o modelo 3D, enquanto o doente pode implementar as alterações de forma sistemática. O simulador digitaliza o rosto do paciente para produzir uma imagem 3D.

Este processo demora apenas alguns minutos. A digitalização 3D é convertida numa simulação 3D do rosto do paciente, que é depois apresentada no ecrã. Avaliações e medições detalhadas obtidas e apresentadas no ecrã. A identificação das zonas de preocupação é particularmente útil. O software de simulação virtual tem várias ferramentas para aplicar alterações graduais a diferentes partes da anatomia do paciente. Isto permite um planeamento personalizado com base nas caraterísticas únicas de cada doente. Finalmente, as imagens antes e depois são apresentadas lado a lado e de vários ângulos.

Imagens combinadas

Se o procedimento for uma combinação de dois procedimentos diferentes, o cirurgião também poderá apresentar os resultados da simulação do tratamento combinado. Levamos a segurança e a satisfação do paciente muito a sério. Em cirurgias complexas, como a rinoplastia, o cirurgião utiliza este sistema para medir dimensões, distâncias e ângulos de forma exacta e precisa. Como resultado, o cirurgião obtém informações cada vez mais valiosas sobre o tamanho das áreas a remover e os enxertos a utilizar em a cirurgia. Nos últimos anos, a tecnologia de imagem digital tem sido amplamente utilizada no planeamento de várias cirurgias plásticas e reconstrutivas. Quando se fala de cirurgia estética, a capacidade de criar imagens 3D "antes e depois" tem sido uma ajuda útil na consulta pré-operatória entre o doente e o cirurgião. Quando o doente e o cirurgião chegam a acordo sobre o resultado ideal da rinoplastia, as imagens digitais do aspeto atual do doente e o resultado simulado são convertidos em modelos impressos em 3D.

Serviços de enfermagem após cirurgia estética

Uma vez que a cirurgia estética pode causar alterações permanentes e drásticas na aparência, é importante saber como essas alterações nos podem afetar e o que é necessário para manter os resultados? Por este motivo, a maioria dos cirurgiões recomenda que os seus pacientes tenham um acompanhante para os cuidados pós-operatórios, e alguns deles necessitam de cuidados de enfermagem 24 horas por dia após a cirurgia estética. Para este efeito, recorre-se aos serviços de enfermagem pós-cirurgia estética, que incluem o envio de uma enfermeira especializada ao domicílio e ao hospital.

1- Serviços de enfermagem após cirurgia estética no hospital: Apesar dos seus conhecimentos e da sua preparação, as equimoses podem surpreendê-lo e o inchaço causado pela cirurgia estética e a sua duração. As nódoas negras podem demorar pelo menos três semanas a desaparecer e o inchaço demora ainda mais tempo do que as nódoas negras. Pode passar por um breve período de tristeza ou stress durante a sua recuperação. O preconceito sobre os resultados da cirurgia ou a expetativa de voltar às actividades normais podem contribuir para sentimentos de desespero e frustração.

✓ É importante ter expectativas realistas. Tenha em atenção o seguinte:

✓ As nódoas negras e o inchaço são temporários e permitem que a sua enfermeira cuide de si como habitualmente.

✓ O tempo de recuperação varia consoante o indivíduo e o procedimento, mas normalmente é de, pelo menos, 6 a 12 semanas para a maioria das cirurgias estéticas.

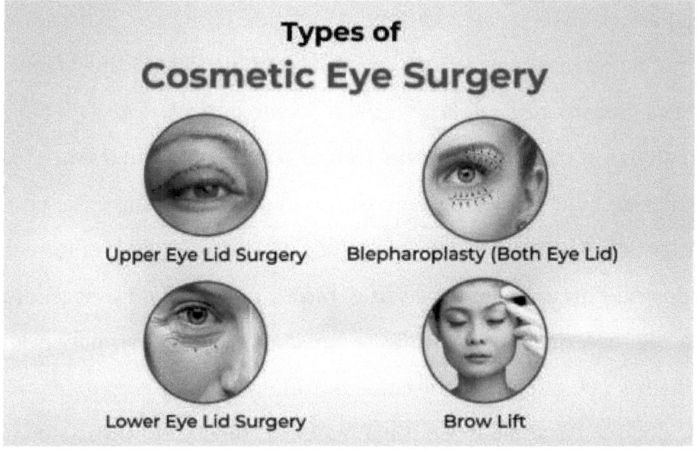

Figura 19. Tipos de cirurgia cosmética ocular: Da estética à correção da visão

Os enfermeiros e assistentes cuidam dos doentes após uma cirurgia estética, como um lifting facial, uma cirurgia às pálpebras, um aumento mamário ou uma lipoaspiração, para garantir que o doente está no bom caminho para a recuperação e que não apresenta sinais de potenciais complicações. Controlam as dores e as náuseas que o doente possa sentir, mudam os pensos das feridas e ajudam-no a tomar banho e a vestir-se. Os serviços médicos que os enfermeiros efectuam incluem:

✓ Monitorização dos sinais vitais.

✓ Prescrição de medicamentos.

✓ Aplicar gelo e compressas frias, se necessário.

✓ Observar sinais de hemorragia, infeção e outras potenciais complicações.

✓ Cuidados com os cateteres intravenosos e de Foley.

✓ Manter-se em contacto com o seu médico.

Alguns cirurgiões plásticos exigem que os seus pacientes permaneçam no hospital durante as primeiras 24 horas após a cirurgia para monitorizar a pressão arterial e os sinais vitais, cuidados pós-cirúrgicos. Normalmente, estes procedimentos são lifting facial, abdominoplastia, lipoaspiração e rejuvenescimento vaginal. Por vezes, o doente prefere ficar de 2 a 7 dias.

2- Serviços de enfermagem após cirurgia estética em casa: Quando necessitar de cuidados de enfermagem no conforto da sua casa, contacte um enfermeiro particular. Os serviços de cuidados ao domicílio incluem cuidados de enfermagem de curta duração, cuidados de longa duração, visitas de enfermagem privadas e cuidados 24 horas por dia com enfermeiros que trabalham 24 horas por dia para cuidar de todas as suas necessidades. Para além de uma extensa formação profissional, os enfermeiros e assistentes experientes receberam formação em etiqueta e serviço para satisfazer as necessidades dos pacientes. Outros serviços que recebeu ao contratar uma enfermeira após a cirurgia estética em casa incluem:

✓ Cuidados de enfermagem.

✓ Assistência à mobilidade e à segurança.

✓ Assistência no banho e nos cuidados de higiene.

✓ Lavandaria e limpeza ligeira.

✓ Preparação de refeições.

✓ Acompanhamento de clientes a consultas e tarefas.

Nas instalações de cuidados médicos e de enfermagem ao domicílio, as suas necessidades de cuidados são avaliadas e são feitas perguntas para determinar o melhor nível de cuidados para si.

O tempo de recuperação varia muito entre os doentes, dependendo do indivíduo e do procedimento. O tempo de recuperação varia para cada doente, mas há várias coisas que os doentes podem fazer antes e depois da cirurgia para os ajudar a avançar com a sua recuperação. Seguir estas dicas simples pode ajudá-lo a ultrapassar a sua recuperação mais rapidamente ou de forma mais confortável. Para as pacientes de cirurgia mamária, abdominoplastia, se necessário, use um soutien pós-operatório ou uma peça de vestuário de compressão pós-operatória que lhe foi fornecida. Use-o durante o tempo que lhe foi indicado. Saiba o que é normal e o que pode ser motivo para procurar tratamento em , incluindo as diretrizes de recuperação e as diretrizes de cuidados pós-operatórios que lhe foram fornecidas para o procedimento. Uma boa alimentação é muito importante para a sua recuperação geral e para a cicatrização da ferida.

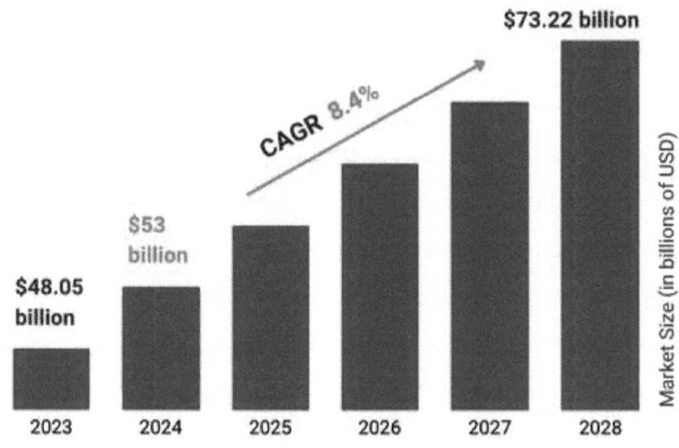

Figura 20. Relatório do Mercado de Cirurgia Cosmética 2024

Capítulo IV

Princípios de segurança no bloco operatório

O ambiente do bloco operatório está repleto de riscos para o cirurgião e para o doente. Por conseguinte, o fator segurança aumentou. Os cirurgiões devem tirar o máximo partido dos meios de redução e controlo dos riscos. Os conhecimentos sobre a prevenção de perigos no bloco operatório são muito bons. Instrumentos como os lasers e os raios X e os esterilizadores químicos podem causar danos consideráveis (se o pessoal não for seguro e não tomar medidas preventivas). A formação e treino do pessoal é um dos métodos mais básicos disponíveis para prevenir potenciais perigos. Além disso, praticamente ninguém deve utilizar ferramentas nas salas de operações sem formação adequada, e a capacidade de utilizar ferramentas corretamente, devido a alterações tecnológicas, é testada periodicamente. As tecnologias tornam-se frequentemente mais seguras com o tempo, mas esta regra nem sempre é verdadeira. Também é importante identificar os potenciais perigos e tomar as medidas corretas, e ter em mente que o pessoal e os doentes nunca estarão completamente a salvo dos riscos. Por definição, a segurança é o estado em que os prestadores de cuidados, os doentes e outro pessoal empregado não estão em risco.

Os principais perigos incluem incêndios, queimaduras químicas, exposição a anestésicos e exposição direta a agentes biológicos. No passado, os perigos de queimaduras, incêndios e explosões estavam relacionados com os gases anestésicos, especialmente com o éter. Depois, o propano de seda foi introduzido com os mesmos perigos. Os incêndios são frequentemente provocados por faíscas causadas pela eletricidade estática, pelo que, nessa altura, eram utilizados sapatos condutores especiais e sapatos condutores para reduzir o risco de explosão. Riscos ambientais: incluem choque elétrico, queimaduras térmicas, envenenamento por toxinas inaladas e exposição a substâncias biológicas. Todos os intervenientes no bloco operatório têm a responsabilidade de criar um ambiente seguro para si próprios e para os outros profissionais. Classificação dos riscos: Riscos criados pelas seguintes razões:

Utilização de equipamento inadequado

Utilização incorrecta do equipamento

Contacto com substâncias nocivas

Os riscos na sala de operações dividem-se da seguinte forma: Riscos físicos: incluindo lesões nas costas, quedas, poluição sonora, radiação ionizante, choque elétrico, incêndio. Riscos químicos: incluindo gases anestésicos, vapores de gases e líquidos, drogas citotóxicas e puras Riscos biológicos: incluem secreções corporais e sanguíneas (como potenciais portadores de microrganismos patogénicos), resíduos infecciosos, cortes, ferimentos com agulhas, pulverização de sangue do local da operação, alergia ao látex.

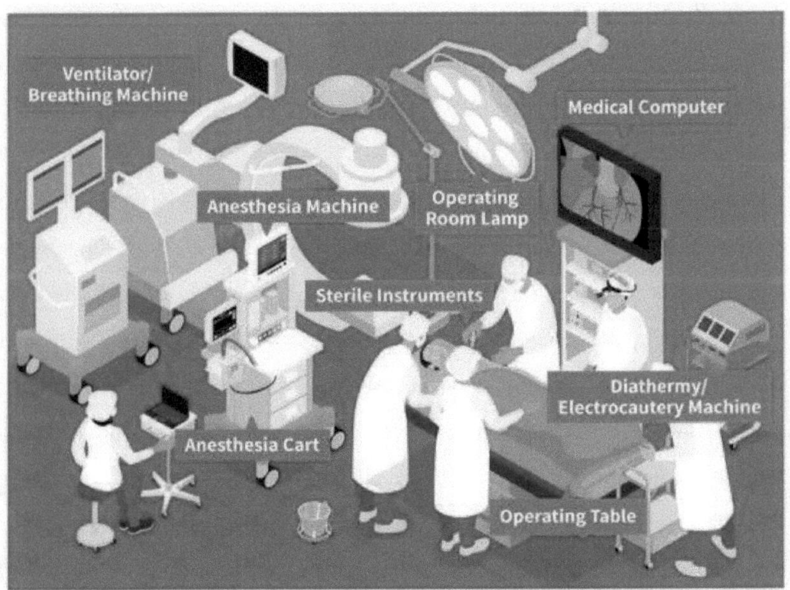

Figura 21. O que é um bloco operatório?

Riscos físicos e seus cuidados: A estrutura física da sala de operações foi concebida para reduzir o tráfego e minimizar a poluição, facilitar o acesso a ferramentas e recursos e proporcionar um ambiente de trabalho confortável para o pessoal.

Factores ambientais: Os factores ambientais de segurança incluem:
Controlo da temperatura para que o ambiente seja confortável para o pessoal e os doentes (nem quente nem frio).

O sistema de ventilação deve ser capaz de eliminar rapidamente os odores (o ar do bloco operatório deve ser mudado, em média, 11 vezes por hora). O sistema de ventilação deve poder eliminar os vapores dos gases anestésicos e os vapores e poeiras biológicos. A presença destes gases provoca congestão pulmonar e náuseas em pessoas sensíveis. A utilização de perfumes concentrados no ambiente do bloco operatório pode ser desconfortável e aborrecida, pelo que é preferível evitar a sua utilização. A luz deve ser suficiente para evitar a reflexão excessiva da luz e não causar fadiga ocular. A utilização de instrumentos brilhantes aumenta o reflexo da luz e os instrumentos menos brilhantes e opacos reduzem-no e aumentam o campo de visão.

Além disso, a utilização de ombros escuros e de óculos Polaroid reduz o reflexo da luz. Os tons mais escuros também reduzem o contraste entre as texturas e os campos adjacentes. A utilização de música no vestiário e na sala de espera dos doentes reduz o seu stress se for escolhida a música certa. O ruído das ventoinhas pode causar poluição sonora, complicações para o doente e para os prestadores de cuidados e aumentar a tensão arterial, a vasoconstrição periférica e a dilatação das pupilas. O ambiente da sala de operações deve ser completamente silencioso e só deve existir a voz principal de comunicação entre o pessoal. Os aparelhos de contagem e solicitação devem ser curtos, mesmo em anestesia profunda, o paciente ouve os sons e pode lembrar-se deles, e no caso de bloqueios localizados, nota-se que o paciente entende tudo. As principais fontes de som na sala de operações incluem papel, luvas e instrumentos com rodas no chão da sala de operações. Há também o som de ferramentas a colidir umas com as outras. As ferramentas eléctricas, como as de aspiração, também produzem som. Evitar o abanar das ferramentas e manter a sucção presa ou desligada quando não estiver a ser utilizada. Os papéis não são disparados.

Os monitores sonoros devem estar afastados do ouvido do doente. Estes sinais podem desviar a atenção do cirurgião e a anestesia. As portas do bloco operatório devem estar fechadas para que o enfermeiro circular) não ouça o ruído dos corredores do bloco operatório. Para além disso, o som da lavagem das mãos e das torneiras e os sons dos esterilizadores não são ouvidos dentro da sala de operações.

Um ambiente calmo evita a fadiga e minimiza as complicações psicológicas e fisiológicas. Mecânica corporal: A dor lombar é a causa mais importante de perda de tempo de trabalho e, em termos de prevalência nos empregados, está na fase seguinte às constipações. A permanência prolongada numa posição incómoda pode causar dores nas costas. Os movimentos aborrecidos e a má postura são evitados. Distribuir o peso num só pé pode causar pressão adicional. Se mantivermos as pernas juntas numa posição de pé, temos de utilizar constantemente os músculos das coxas para manter o equilíbrio. No entanto, se as pernas estiverem afastadas, é necessária menos energia.

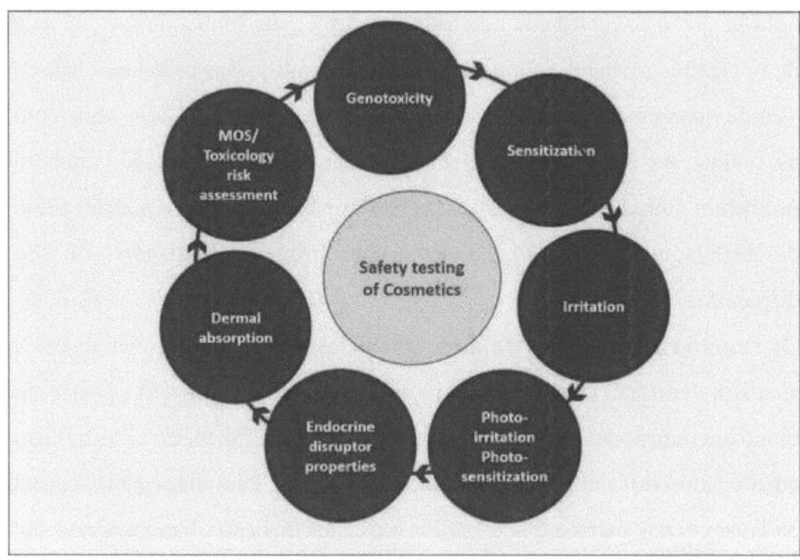

Figura 22. Ensaios de segurança de produtos cosméticos

Por conseguinte, manter o degrau aberto durante a cirurgia ajuda o pessoal a esfregar-se e provoca menos fadiga. O pessoal circular deve monitorizar regularmente o campo cirúrgico e o carrinho cirúrgico, pelo que os membros superiores e inferiores devem estar em repouso. Neste caso, as pernas estão abertas e as mãos seguram-se uma à outra por trás. O calçado deve ser perfeitamente confortável e seguro, sendo mais adequados os ténis com cordões que proporcionem um apoio adequado para os pés.

Se precisar de correr numa emergência, opte por sapatos seguros e fechados. A altura da mesa de operações deve ser ajustada de forma adequada ao cirurgião. Mesmo que não seja adequada para os outros membros da equipa. Os membros da equipa devem poder manter-se de pé, com os braços confortáveis e não dobrados para a frente, e não devem ter de levantar os braços acima dos cotovelos.

Pode ser necessário utilizar um banco para o ajudar. O banco deve ser suficientemente alto para permitir que o pé fique aberto. A posição sentada também deve ser adequada. As costas são mais fortes na posição vertical. Ao sentar-se, o pessoal deve recostar-se totalmente na cadeira, manter-se direito e inclinar-se para a frente a partir das coxas, de modo a que os ombros e a cintura não fiquem inclinados para a frente. Nesta posição, a pressão exercida sobre os músculos das costas é mínima e a pressão sobre o tórax e os órgãos internos é reduzida. Antes e depois da cirurgia, o pessoal circular e de lavagem deve estar cansado enquanto está sentado e, se estiver sentado, a altura da cadeira deve ser ajustada à altura de trabalho. Os primeiros assistentes podem desenvolver síndrome do túnel cárpico se for necessário manter as acácias numa posição estável durante muito tempo. A utilização de actuadores automáticos evita este problema. A observância dos seguintes princípios mecânicos será útil para evitar lesões físicas. Se quiser levantar um corpo, aproxime-o o mais possível e mantenha as costas direitas. O levantamento é feito com músculos fortes das coxas e do abdómen e não utiliza os músculos das costas? Dobre as pernas e coloque o corpo debaixo da carga, depois levante-a endireitando as pernas.

- Levantar lentamente e não exercer pressão sobre a cintura.
- Não puxe objectos pesados, mas empurre-os para a frente.
- Utilize os seus músculos fortes para deslocar a base de objectos pesados.
- Quando estiver de pé durante muito tempo, abra as pernas para não se cansar.
- Distribua o seu peso uniformemente pelos dois pés.
- Mantenha a cabeça e o pescoço alinhados com o corpo enquanto está de pé.
- Numa posição sentada, mantenha as costas direitas e incline-se para a frente a partir da pélvis.
- Mude de posição de vez em quando e dê um passeio.

➢ Rodar o corpo inteiro e não rodar as costas) Apenas não rodar as costas

➢ Utilize as coxas e os braços quando se inclinar para a frente.

Evite trabalhar no topo da cabeça, não se estique demasiado e mantenha os objectos entre os joelhos e à altura do peito. Utilize o rolo Davis para deslocar objectos pesados ou doentes obesos ou em coma. Transportar estes doentes sozinho causa problemas para o doente e para o médico. Além disso, peça a ajuda de outras pessoas para posicionar os doentes. Para ensinar esta técnica, pode utilizar as recomendações do grupo de fisioterapia.

Radiação ionizante: Esta radiação não é visível ou tátil. A radiação ionizante produz partículas carregadas positivas e negativas que podem alterar a carga eléctrica de alguns átomos e moléculas e causar alterações celulares. Estas alterações provocam mudanças nas enzimas, proteínas, núcleo celular e material genético. Este efeito pode provocar a morte das células cancerígenas se for administrada a dose correta de radioterapia. No entanto, a exposição à radiação pode ser cancerígena e causar complicações como cataratas, lesões na medula óssea, queimaduras, necrose dos tecidos, mutações genéticas, aborto espontâneo e anomalias congénitas.

Os cirurgiões estão expostos a raios X durante os cuidados pré-operatórios e intra-operatórios. Se não estiverem devidamente cobertos, a radiação dispersa dos dispositivos e do doente é absorvida pelo corpo durante a operação, a fluoroscopia e a ARM Cs. Os membros da equipa também estão expostos à radiação quando inserem ou removem fontes radioactivas. Os doentes que receberam material radioativo (para fins terapêuticos ou acidentalmente) podem eles próprios emitir radiação radioactiva.

Os efeitos das radiações radioactivas dependem direta ou indiretamente da dose e da duração da exposição. Estes efeitos são cumulativos e têm um longo período de latência. Por conseguinte, não são conhecidos durante anos. Por este motivo, a saúde do pessoal é objeto de cuidados constantes para evitar uma exposição excessiva. A prevenção implica, de facto, o cumprimento de regras rigorosas.

Conselhos de segurança na utilização de radiações ionizantes
Devido aos efeitos adversos e cumulativos da radiação ionizante nos tecidos do corpo, são consideradas dicas de segurança para manter a saúde dos doentes e do pessoal. Se os conselhos de segurança forem tidos em conta, a maior parte da dose de radiação recebida não atingirá o nível perigoso.

Segurança dos doentes: O doente é exposto a máquinas de raios X ou recebe radiação dispersa. Qualquer forma de exposição a radiações ionizantes está associada a efeitos adversos, pelo que a superfície de contacto deve ser reduzida ao mínimo.
Para reduzir a quantidade de radiação recebida, são considerados os seguintes pontos.
Se não for necessário, o fluoroscópio é desligado para minimizar a radiação do doente.
Todas as tentativas de contagem dos gases são feitas com cuidado para que não seja necessária fotografia de controlo.
Áreas desnecessárias do corpo protegidas da radiação dispersa. Além disso, os raios focados não devem incidir em áreas desnecessárias. Utilizado para proteger o escudo de chumbo. A proteção de chumbo é achatada antes de ser espalhada. A abertura do dispositivo também é reduzida para evitar áreas desnecessárias de radiação.

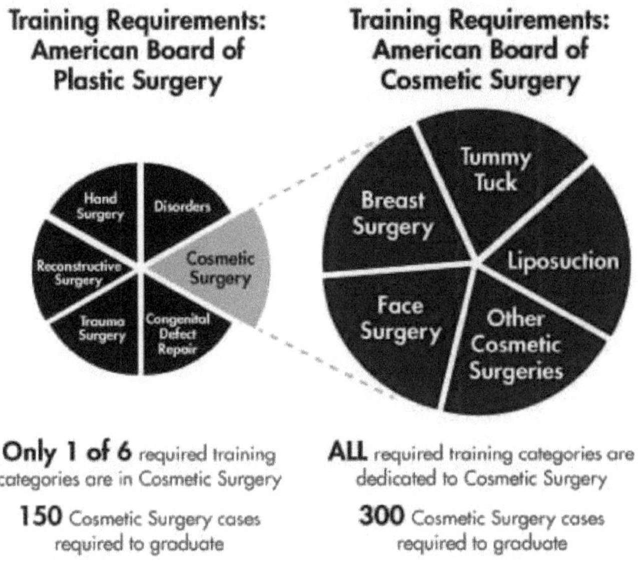

Figura 23. Cirurgia plástica vs. cosmética

Pontos interessantes

R: O tecido linfático, a glândula tiroide e a medula óssea no esterno são tecidos sensíveis à radiação e estão cobertos por uma proteção de chumbo (especialmente na fluoroscopia da cabeça, do tórax e dos membros superiores).

B: Os testículos e os ovários cobertos por um escudo de chumbo das gónadas (especialmente na fluoroscopia da coxa e da pélvis)

C: O feto da mãe grávida sempre coberto por uma proteção de chumbo. Mesmo doses baixas de radiação dispersa podem ser prejudiciais para o feto. Por conseguinte, as radiografias abdominais e pélvicas são evitadas no primeiro trimestre de gravidez.

D: A documentação intra-operatória inclui a utilização direta de fluoroscopia ou radiografia, que regista, bem como o tipo e a localização exactos das fontes radioactivas. As técnicas de proteção do doente contra os efeitos da radiação dispersa também são mencionadas.

Segurança do pessoal: Precauções de segurança tomadas para proteger os membros da equipa de potenciais riscos de radiação ionizante. Três pontos-chave a ter em conta:

Tempo: Evitar a exposição desnecessária de todo o pessoal, especialmente das pessoas em idade fértil, para prevenir alterações genéticas. - A exposição do pessoal às radiações deve ser rotativa. Conceder licença de maternidade ao pessoal. Desligar o aparelho imediatamente após a sua utilização. As fontes radioactivas devem ser armazenadas num recipiente de chumbo. Se possível, a cirurgia do doente deve ser adiada pelo menos 24 horas após a receção do material radioativo. Adiar o contacto com os doentes com fontes radioactivas. Os fluidos corporais dos doentes que receberam material radioativo devem ser recolhidos cuidadosa e rapidamente.

Distância: A utilização correta do colimador pode reduzir a quantidade de radiação recebida. É preferível utilizar imagens de computador de um único fotograma em vez de fluoroscopia contínua, porque a fluoroscopia produz mais radiação dispersa do que as imagens de raios X. Além disso, o pessoal deve respeitar a distância máxima da fonte de radiação

A equipa não esterilizada deve abandonar a sala.

Utilizar dispositivos automáticos para segurar o estereótipo ou o doente, de modo a que não seja necessária qualquer pessoa para o fazer.

A equipa esterilizada deve estar a pelo menos 2 m de distância da fonte de radiação e não na sua trajetória direta (lei do quadrado inverso).

Os membros da equipa devem ficar atrás da fonte de radiação. (A direção em que a radiação está a entrar no corpo.

Os estereótipos laterais ou oblíquos têm raios mais dispersos.

Inclinar a fonte de radiação na direção do chão ou das paredes.

Blindagem a espessura das blindagens de chumbo deve ser de, pelo menos, 1mm / 1 para evitar os raios X diretos e dispersos. No caso dos raios alfa e beta, não é necessária blindagem.

Os pontos em Escudo são os seguintes

As paredes estão completamente seladas. Os raios gama podem penetrar até uma profundidade de 31 cm de chumbo, mas os raios X são bloqueados pelo chumbo ou pelo betão espesso.

Devem estar disponíveis paredes de proteção. Pessoal esterilizado colocado atrás de uma parede de proteção. A parede de proteção deve ficar atrás da fonte de radiação. No estêncil lateral, a parede de proteção deve ficar atrás da cassete. O trabalho com a fonte gama deve ser efectuado atrás de uma parede de chumbo com um diâmetro de 31 cm. O pessoal deve usar um óperon de chumbo (sob uma pistola esterilizada) de modo a que a fonte fique entre o feixe e a pessoa.

Quando não estiverem a ser utilizados, os suportes de chumbo devem ser espalhados numa superfície plana para evitar que se partam (ou pendurem) e deve ter-se o cuidado de não os comer. Devem ser usadas luvas de chumbo ao segurar cassetes e ao manusear material radioativo. Utilizar colar de chumbo para fluoroscopia e gráficos laterais e oblíquos; utilizar óculos de chumbo durante a fluoroscopia. Cada óperon de chumbo deve ser inspeccionado de seis em seis meses para detetar fissuras Exposição a radiações: Todo o pessoal exposto a radiações ionizantes, especialmente em casos de longa duração, deve ter consigo uma película de identificação para calcular a dose cumulativa de radiação recebida.

Obviamente, o porte deste dispositivo só é necessário quando se está exposto à radiação. Estes dispositivos incluem uma variedade de filmes que detectam diferentes tipos de radiação, incluindo alfa, beta e gama. Este monitor é sempre colocado num local específico do corpo. Por exemplo, deve haver um monitor sob o opérculo para calcular a radiação recebida pelas gónadas e um monitor fora do opérculo para calcular a radiação recebida pela tiroide.

Radiação não ionizante: As radiações não ionizantes incluem o rádio, as micro-ondas, a televisão, o computador, o aquecedor e as fontes de luz. Esta radiação não se acumula no corpo e, por isso, não precisa de ser monitorizada. No entanto, pode provocar calor. A radiação não ionizante com controlo preciso não é prejudicial para o corpo. Os lasers contêm fontes de luz muito energéticas e a sua utilização exige a observância de conselhos de segurança extremamente precisos, baseados nas instruções do fabricante. Estes lasers podem frequentemente provocar cortes, coagulação ou evaporação dos tecidos, ou causar queimaduras térmicas. Incêndio, explosão, lesões na pele e nos olhos e evaporação são alguns dos perigos possíveis dos lasers.

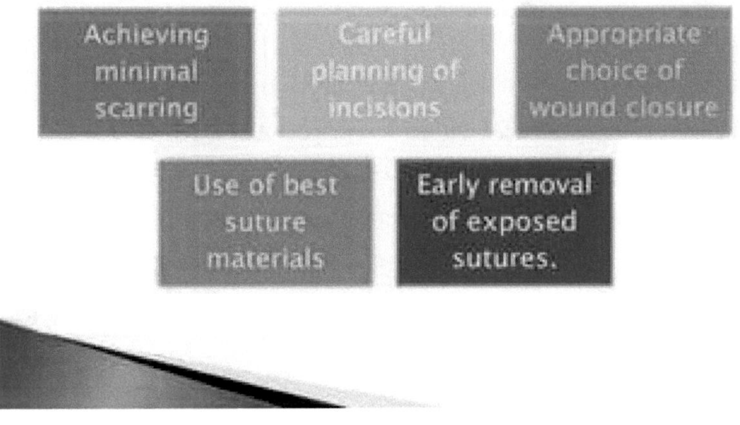

Figura 24. Cirurgias reconstrutivas e estéticas

Eletricidade e eletrocussão: A eletricidade é frequentemente consumida por rotina no bloco operatório e o seu manuseamento exige precauções de segurança. A utilização incorrecta de eletricidade em dispositivos como cortadores, desfibrilhadores e máquinas Arm-C pode causar o risco de morte ou complicações graves.

Parâmetros da eletricidade: A eletricidade tem três caraterísticas básicas: 1. Tensão 2. Resistência 3. A intensidade da corrente pode ser AC ou DC.

Ligação à terra (ligação à terra): A utilização de um fio de terra em todos os aparelhos eléctricos é necessária para a segurança e a prevenção de fugas de corrente eléctrica e a sua aplicação pode impedir a passagem de eletricidade através do corpo do doente, provocando assim choques e queimaduras. A eletricidade é transmitida por dois fios, fase e neutro, que saem da tomada. O terceiro fio é o fio terra.

A utilização de um fio de terra na sala de operações evita a fuga de eletricidade. A utilização de poços de terra e de fios de terra "co-potenciais" na sala de operações minimiza a possibilidade de fuga de eletricidade e os seus perigos biológicos. Sistemas de alimentação isolados: Neste método, ao utilizar transformadores isolados e sistemas de monitorização de capacitância e resistência, qualquer risco de choque elétrico é evitado de forma inteligente.

Choque elétrico e eletrocussão: Esta situação ocorre quando uma corrente mortal atravessa o corpo de uma pessoa em contacto com a eletricidade. Esta corrente pode passar diretamente pelo coração ou pela pele.

Um choque elétrico ocorre quando uma corrente eléctrica é suficientemente forte para atravessar o sistema nervoso. Estes efeitos começam com uma sensação de formigueiro e progridem para necrose dos tecidos, fibrilhação ventricular e morte. O choque elétrico inclui dois modos: micro-choque e macro-choque. Macrochoque: Ocorre quando uma corrente eléctrica passa por uma grande área da pele. Neste caso, a passagem de corrente até 1 mA pode provocar queimaduras nos pontos de contacto e, se a passagem de corrente for até 111 mA, pode provocar fibrilhação ventricular. As complicações relacionadas dependem da intensidade da corrente que atravessa o corpo.

O macro choque tem origem em fios eléctricos desencapados ou em superfícies de alta tensão. O facto de tocar no corpo da vítima com as mãos nuas também pode provocar choques no ajudante. Por isso, ao prestar assistência, a eletricidade deve ser primeiro desligada ou a vítima desligada da eletricidade com a ajuda de ferramentas de isolamento.

Micro-choque: O micro-choque ocorre quando uma pequena quantidade de eletricidade é aplicada a uma pequena área do corpo, como por exemplo através de cateteres cheios de líquido e sondas em grandes artérias ou eléctrodos à volta do coração, em órgãos sensíveis. Por este motivo, é necessária uma intensidade de corrente muito menor para produzir efeitos letais. A forma mais importante de prevenir o micro-choque é evitar que as superfícies condutoras entrem em contacto com estas vias e, sempre que for necessário tocar-lhes, é melhor usar luvas de plástico para evitar a transferência de eletricidade estática para o corpo nestas vias e o micro-choque em Prevenir o doente anestesiado.

Conselhos de segurança: Embora a utilização de dispositivos electrónicos na sala de operações seja absolutamente necessária, em determinadas condições podem causar choques eléctricos, fibrilhação ventricular e até paragem cardíaca. Devido ao facto de o doente receber pequenas correntes acumuladas no corpo do pessoal enquanto está em contacto com os dispositivos ligados à terra, pode ocorrer um choque. É necessário observar os seguintes pontos para evitar a ocorrência deste choque elétrico.

> ➢ Aparelhos eléctricos no interior da sala de operações inspeccionados quanto à segurança dos seus fios eléctricos.

> ➢ Os cabos eléctricos não devem ser puxados, dobrados ou pisados.

> ➢ Os recipientes para líquidos não devem ser colocados sobre aparelhos eléctricos.

> ➢ As ferramentas eléctricas e os cortadores a laser devem estar tão afastados quanto possível das ferramentas de monitorização e ser alimentados por tomadas separadas

> ➢ Todas as ferramentas devem ter um fio de terra.

> ➢ Desligar todas as máquinas antes de as desligar ou de as ligar à corrente para desligar o cabo de alimentação; é necessário desligar a ficha e nunca puxar pelo próprio cabo.

> ➢ Todo o equipamento elétrico, incluindo o equipamento do próprio cirurgião, é revisto periodicamente pela equipa de engenharia médica.

Queimaduras eléctricas e térmicas: Queimaduras causadas por cortadores ou eletricidade. A ligação correta da placa de corte e a ampla superfície de contacto podem evitar queimaduras. As queimaduras são frequentemente localizadas em anéis, jóias com peças metálicas, eléctrodos de ECG e sondas de monitorização.

Evitar qualquer contacto do corpo com superfícies metálicas, porque se houver pequenas superfícies de contacto com metais, podem ocorrer queimaduras no mesmo ponto de contacto. Os instrumentos de radiofrequência, a diatermia e as máquinas de aquecimento e arrefecimento podem provocar queimaduras se não forem corretamente ajustados.

O estado nutricional da pessoa e a quantidade de tecido adiposo desempenham um papel decisivo na probabilidade e gravidade desta queimadura.

Eletricidade estática: A eletricidade estática é frequentemente de alta tensão e baixa amperagem devido à fricção entre duas superfícies em contacto. Esta eletricidade pode provocar a ignição de gases ou materiais inflamáveis. Quanto maior for o isolamento do corpo, mais eletricidade estática pode produzir.

Incêndio e explosão: Os incêndios na sala de operações estão cheios de oxigénio em comparação com a atmosfera natural. Estes incêndios são frequentemente muito graves e extremamente prejudiciais e perigosos. A presença de líquidos inflamáveis, vapores e gases inflamáveis pode provocar a combustão rápida destes materiais. A utilização de anestésicos combustíveis é proibida há muito tempo. Por esta razão, as fontes actuais de explosões e incêndios são as três seguintes.

> Libertação de gases inflamáveis como o álcool, o éter, o metano e o óxido de etileno no bloco operatório (o metano pode ser produzido a partir do intestino).

> A presença de um iniciador de combustão, como a utilização de um cateter e de um feixe de laser efectuado por um cirurgião.

> Oxigénio em estado puro ou em ar, produzido a partir de gases como o óxido nítrico ou libertado diretamente na sala de operações.

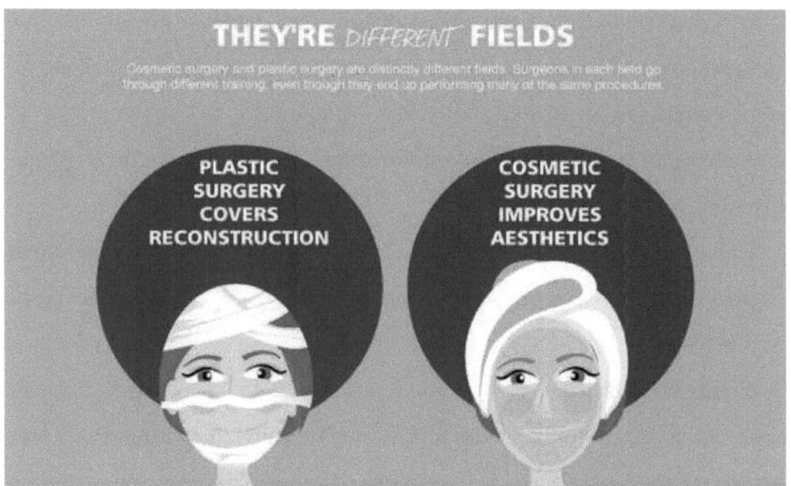

Figura 25. Cirurgia Cosmética vs. Cirurgia Plástica

Conselhos de segurança: Se existirem gases deste tipo na sala de operações, deve usar pavimento e calçado condutor de eletricidade.

Produtos químicos e respectivos conselhos de segurança

Gases anestésicos - agentes esterilizantes (o óxido de etileno é cancerígeno, o formaldeído).

É um alergénio, cancerígeno e causa envenenamento do fígado.

O seu vapor de glutaraldeído provoca inflamação dos olhos, do nariz e da garganta e causa dermatite de contacto.

Desinfectantes: O seu vapor pode causar inflamação das vias respiratórias e do nariz. Estas substâncias incluem o álcool isopropílico, o fenol e o hipoclorito de sódio.

Metacrilato de metilo: O seu vapor estimula o sistema respiratório. É também cancerígeno e causa envenenamento do fígado. Se for pulverizado nos olhos, pode causar queimaduras na córnea ou dermatite de contacto.

Medicamentos e outros produtos químicos: Os medicamentos anticancerígenos podem ser tóxicos e requerem cuidados.

Riscos biológicos: Os resíduos biológicos contêm organismos patogénicos e patogénicos para o homem. A presença de qualquer incisão, agulha, local de injeção ou lesão cutânea pode abrir caminho à entrada destes germes no corpo humano. Todos os resíduos biológicos e aditivos biológicos, incluindo sangue, gases sanguíneos, coágulos sanguíneos e luvas, devem ser separados dos resíduos públicos e colocados em contentores impermeáveis, mantendo a salubridade do contentor durante o manuseamento, o rótulo e o código de cor vermelho.
As agulhas e os objectos cortantes são colocados em contentores especiais. Os resíduos são depois esterilizados a vapor e enterrados.

Riscos biológicos de origem do doente: Todos os doentes são uma fonte potencial de infeção e o contacto profissional com a sua pele, olhos, mucosas ou sangue e outras substâncias infecciosas pode ocorrer de forma inadequada durante o tratamento.
O manuseamento exato e a proteção adequada destes dispositivos potencialmente contaminados são cruciais. É necessário lavar as mãos depois de retirar as luvas e de qualquer contacto com o doente. Qualquer ocorrência de contacto e de acidentes de trabalho deve ser comunicada por escrito. Os requisitos na sala de operações para a segurança do pessoal e dos cirurgiões são cuidadosamente observados.
Por exemplo, os alimentos não devem ser armazenados no mesmo frigorífico que o sangue, os produtos sanguíneos e as amostras. É proibido

comer e beber em todas as áreas onde exista a possibilidade de contacto com sangue e outras substâncias perigosas.

Nunca comer ou beber na sala de operações durante a cirurgia. Doenças do sangue ferimentos penetrantes, incluindo agulhas ou cortes ou salpicos de fluidos nos olhos e nas membranas mucosas, não negligenciados. Hepatite, SIDA e outros agentes patogénicos transmitidos através destes fluidos. Recomenda-se a vacinação contra a hepatite B a todos os doentes de alto risco e aos cirurgiões.

Em caso de exposição a sangue e fluidos corporais, devem ser tomadas as seguintes medidas.

Parar imediatamente a atividade e retirar-se da zona contaminada.

Espremer a pele à volta da área ou da incisão para remover a sujidade.

Enxaguar o corte, a queimadura ou o spray no olho com água fria.

Escrever e comunicar o acidente e obter os conselhos médicos necessários.

Seguir o protocolo de acompanhamento aplicável. Se se tiver formado uma picada de agulha, a maioria dos centros recolhe uma amostra de sangue do doente e do pessoal ou cirurgião acidentado, e amostras de sangue de ambos os lados são recolhidas periodicamente durante vários meses para garantir que não há contaminação.

O pessoal infetado por um doente de alto risco ou por um doente com hepatite B ou SIDA deve receber a medicação necessária.

Fumo cirúrgico: Causado pela destruição térmica de tecidos ou ossos, dispersa agentes patogénicos do sangue, mutagénicos e cancerígenos. Recomenda-se a utilização de uma máscara para evitar a inalação deste fumo. Recomenda-se igualmente a utilização de óculos e de um escudo facial para proteger os olhos. Um dispositivo de evacuação do fumo também é utilizado.

Sensibilidade ao látex: Muitos instrumentos na sala de operações, incluindo luvas cirúrgicas, cateteres, drenos e tubos, contêm látex-17. A presença de uma proteína solúvel em água no látex natural provoca as suas propriedades antigénicas, que podem causar reacções alérgicas perigosas. As reacções tópicas não são frequentemente muito graves e causam comichão, vermelhidão e ardor na pele, mas se o látex entrar em contacto com as membranas mucosas, serosas ou peritoneais, ocorrem complicações sistémicas, incluindo anafilaxia por choque e até mesmo a morte, cujos sintomas são anafilaxia grave. Estes incluem hipotensão, taquicardia, broncoespasmo e eritema generalizado. Estudos da FDA mostram que 6-7% do pessoal médico e cirurgiões são alérgicos ao látex.

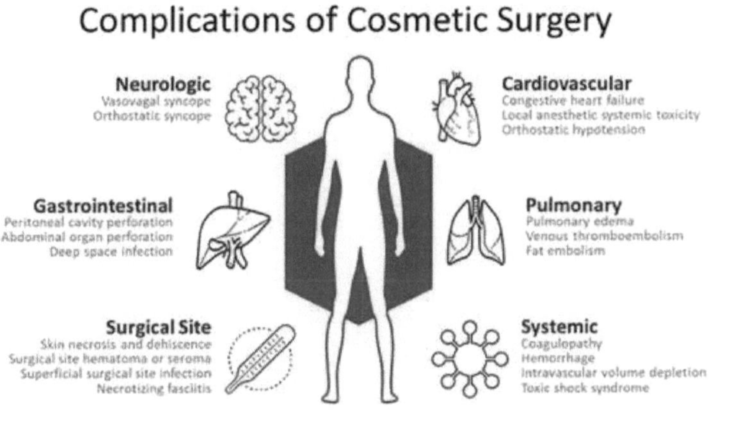

Figura 26. Complicações da Cirurgia Plástica: A Review for Emergency Clinicians

O látex está disponível em elásticos, chapéus e até em almofadas, fronhas e coberturas de salas de operações. A utilização de materiais sem látex pode evitar alergias. As proteínas do látex podem contaminar o amido das luvas em pó e provocar reacções alérgicas através do sistema respiratório se o pó das luvas se espalhar no espaço da sala de operações. A utilização de aparelhos sem látex evita esta complicação.

Todo o pessoal e doentes com suspeita de alergia ao látex devem ser testados e qualquer história de alergia a luvas de lavar louça ou balões deve ser registada na história do doente, utilizando equipamento sem látex. A mielomeningocele devida à cateterização intermitente e ao contacto constante com o látex, bem como algumas alergias alimentares, também podem ser eficazes na causa de alergias ao látex.

Capítulo V

Funções do pessoal no bloco operatório

Riscos no bloco operatório

1- Riscos físicos: trabalhar com aparelhos eléctricos, trabalhar com ferramentas afiadas e cortantes que podem provocar ferimentos muito profundos, a possibilidade de explosões de gases comprimidos e anestésicos, o som de aparelhos como berbequins ou outros aparelhos, especialmente quando se fazem cirurgias ortopédicas, o contacto com raios X.

2- Químicos: ventilação inadequada do bloco operatório, alergias ao látex, alergias cutâneas devidas à lavagem e desinfeção das mãos com detergentes, contacto com diversos produtos químicos como anestésicos, desinfectantes e desinfectantes e inalação de fumos cirúrgicos e ...

3- Biológico: doenças transmitidas pelo sangue, contacto com secreções e fluidos corporais, pulverização de sangue no rosto e no corpo e ...

4- Ergonómicos: estar de pé ou sentado em posições erradas, movimentos repetitivos dos membros, especialmente durante a cirurgia e a RSE, levantar e deslocar o doente, deslocar e segurar o equipamento cirúrgico durante muito tempo, especialmente durante a cirurgia ortopédica, movimentos repetitivos das mãos durante a emboscada, especialmente durante as cirurgias pediátricas, deslocar o logotipo e a seringa das bombas de anestesia e ...

5- Segurança: queimaduras ou cortadores e lasers, colisões com mesas e equipamentos da sala de operações, especialmente durante o processo em situações de emergência, queimaduras com vapores de autoclave.

6- Factores psicológicos: trabalho por turnos, stress no trabalho e ...

Gases Resíduos anestésicos

Os gases anestésicos em excesso são uma pequena porção dos gases anestésicos que escapam do ciclo respiratório dos doentes anestesiados para o espaço da sala de operações durante a anestesia. Estes gases também são transportados para a sala por inalação quando os doentes regressam da anestesia. Os gases anestésicos incluem dois tipos de óxido nitroso e gases anestésicos halogenados, como o halotano, o anflurano, o isoflurano, o desflurano, o suvflurano e o metoxiflurano. Os gases anestésicos halogenados são frequentemente preparados numa mistura com óxido nitroso. O óxido nitroso e alguns gases anestésicos halogenados podem representar um risco para o pessoal hospitalar. O objetivo deste artigo é fazer o seguinte:

➢ Aumentar a sensibilização para os efeitos adversos para a saúde dos resíduos de gases anestésicos.

➢ Uma descrição da forma como os empregados encontram o excesso de gases anestésicos.

➢ Dar sugestões de exercícios de trabalho para reduzir este tipo de contacto.

➢ Identificar formas de reduzir a anestesia no local de trabalho.

➢ Quem está em contacto com o excesso de gases anestésicos?

➢ O seguinte pessoal hospitalar pode estar em contacto com gases anestésicos em excesso.

➢ Anestesiologistas.

➢ Técnicos de anestesia.

➢ Enfermeiras do bloco operatório.

➢ Técnicos de bloco operatório.

➢ Outro pessoal do bloco operatório.

➢ Enfermeiras da sala de recobro.

➢ Cirurgiões.

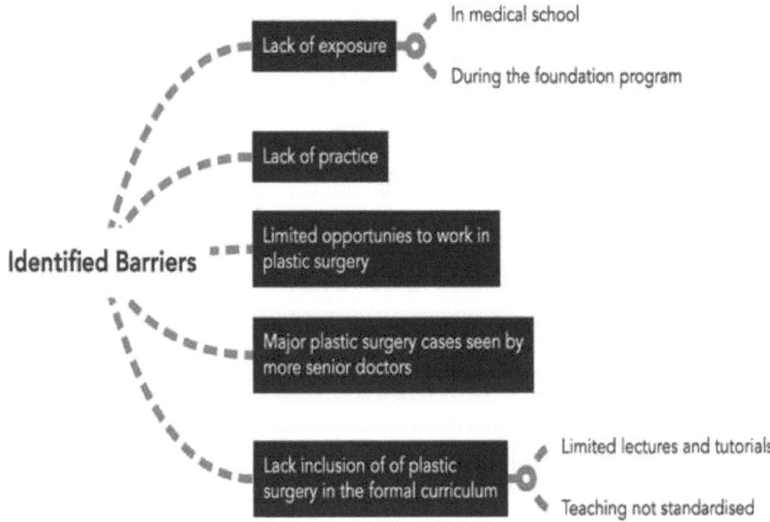

Figura 27. Explorando as experiências, necessidades, confiança e conhecimentos relacionados com a cirurgia plástica

Quais são os efeitos para a saúde do contacto com resíduos de gases anestésicos?

➢ A exposição a concentrações elevadas de resíduos de gases anestésicos, mesmo durante um curto período de tempo, tem os seguintes efeitos na saúde

➢ Dor de cabeça

➢ Irritabilidade

➢ Fadiga

➢ náuseas

➢ Sonolência

➢ Problemas de comando e de coordenação.

➢ Doenças do fígado e dos rins.

O contacto com baixas concentrações de gases anestésicos em excesso tem os seguintes efeitos na saúde: Numerosos estudos relataram a ocorrência de aborto espontâneo, danos genéticos e cancro entre o pessoal da sala de operações. Outros estudos referiram igualmente a ocorrência de abortos espontâneos em casais expostos e malformações congénitas nos seus filhos.

Onde é mais provável que os trabalhadores estejam expostos ao excesso de gases anestésicos? Equipamentos de salas de operações sem sistemas automáticos de limpeza e ventilação. Equipamento de sala de operações em que os sistemas acima referidos são fracos e defeituosos. Salas de recobro em que os gases emitidos pela respiração do doente não são devidamente ventilados ou limpos.

Mesmo quando existem sistemas de ventilação e limpeza, o pessoal está exposto a estes gases nas seguintes condições Quando ocorrem fugas durante o ciclo respiratório da anestesia (podem ocorrer fugas de gás se as ligações, tubagens e válvulas não forem objeto de manutenção adequada e as ligações não forem estanques). Quando os gases anestésicos são libertados durante a ligação e a desconexão. Quando há fugas de gás anestésico para fora da máscara ou para a traqueia do doente (especialmente quando a máscara não se ajusta bem, por exemplo, ao anestesiar uma criança)

(MSDS)

Instalação de um sistema de descontaminação no sistema de transmissão de anestesia para remover o excesso de gases anestésicos na sala de operações.

Excesso de gases descarregados num local onde não é possível devolvê-los facilmente ao ambiente.

Instalar um sistema de ventilação que circule e substitua o ar na sala de operações (circula o ar pelo menos 59 vezes por hora, com pelo menos 3 substituições de ar fresco por hora).

Um sistema de ventilação que circula e substitui o ar na sala de recobro (move o ar pelo menos 6 vezes por hora, substituindo o ar fresco pelo menos 2 vezes por hora) para evitar o contacto com o excesso de gases anestésicos. Manutenção adequada do equipamento de anestesia, do trato respiratório e dos sistemas de excreção de gases residuais para reduzir as fugas de gás anestésico na sala de operações. Educar o pessoal em matéria de sensibilização para os riscos, prevenção e controlo da exposição a gases anestésicos residuais.

Desenvolvimento de um plano de monitorização por uma pessoa informada sobre cada dispositivo no bloco operatório. Um plano de monitorização também deve incluir o seguinte:

> Avaliação quantitativa do efeito de um sistema de controlo de gases residuais.

> Voltar a medir a concentração de gás anestésico na zona respiratória dos trabalhadores que estão em forte contacto durante a execução das instruções de trabalho.

> Manutenção adequada do arquivo dos resultados da recolha de amostras de ar durante, pelo menos, 36 anos.

> Conservar os registos médicos dos trabalhadores expostos durante 36 anos após a sua contratação.

> Obter informações básicas sobre o fígado e os rins do pessoal do bloco operatório e monitorizar periodicamente as suas funções renais e hepáticas.

➢ Arquivo do historial médico dos trabalhadores e das suas famílias, incluindo o historial profissional; resultados da gravidez das trabalhadoras e do casamento dos trabalhadores (se aplicável).

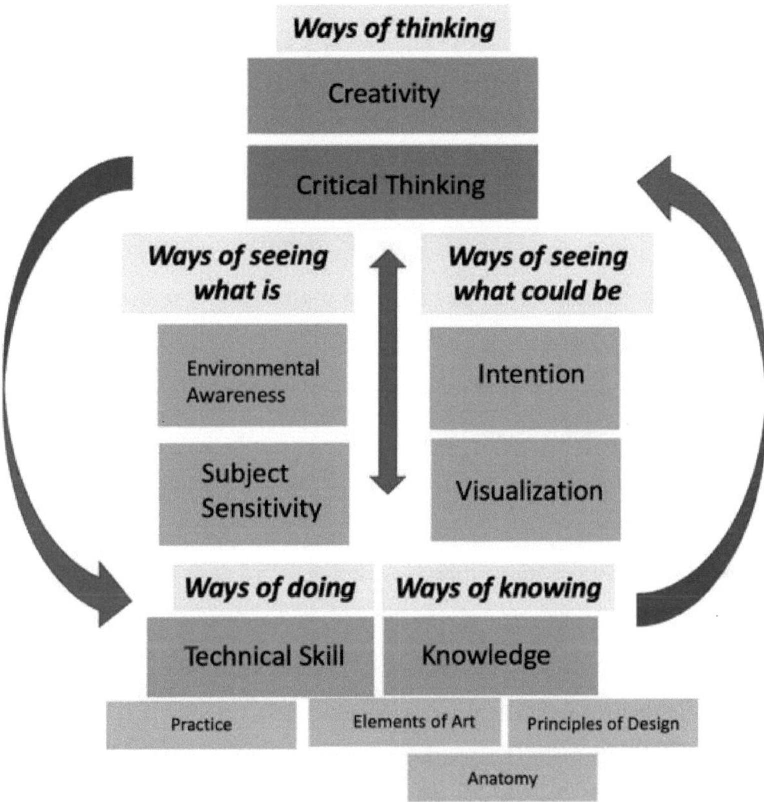

Figura 28. Formação necessária para a certificação da Direção de Cirurgiões Cosméticos

Como podemos reduzir a exposição do pessoal do bloco operatório ao excesso de gases anestésicos?

Os gases anestésicos são detectados pelo odor até concentrações muito elevadas. Reduzir o contacto com o excesso de gases anestésicos antes de iniciar a anestesia, seguindo estas instruções:

> Verificar se os sistemas de anestesia estão danificados antes de cada utilização.

> Investigar defeitos e perturbações.

> Verificar a circulação respiratória dos doentes quanto à pressão negativa e positiva na lista de verificação diária do equipamento.

> Ligar o sistema de ventilação local e geral da divisão.

> Certificar-se de que o equipamento antipoluição está corretamente ligado.

> Ligar a saída de gás ao sistema de ventilação central do hospital.

> Depois de instalar a máscara ou o tubo ligado à traqueia, proceda ao estabelecimento do fluxo de gás.

> Encher o equipamento do evaporador sob uma cobertura de telhado com um sistema de drenagem ativo.

> Encher o equipamento do evaporador antes ou depois das instruções de anestesia.

> Certificar-se de que o tubo no interior da traqueia proporciona uma ligação completa das vias respiratórias. Utilizar o fluxo mais baixo de gás anestésico para a segurança do sistema de anestesia em funcionamento e a segurança dos doentes.

> Evitar um fluxo elevado de gás anestésico para evitar fugas de gás. As correntes elevadas produzem mais gases anestésicos em excesso do que as correntes baixas.

> Não transferir anestesia com a válvula aberta (gotejamento de gás anestésico volátil na gaze do penso).

> Se for utilizada a máscara, esta deve ser bem medida para o doente.

> Na medida do possível, limpar o gás remanescente no sistema de contaminação antes de separar o doente do sistema respiratório.

> Desligar o gás antes de desligar o sistema respiratório.

Alergia ao látex

O látex é produzido por uma planta chamada Hera brasiliensis e, nas fábricas, são-lhe adicionados produtos químicos para aumentar a durabilidade do produto e não interagir com o oxigénio do ar.

Alergias cutâneas causadas por luvas de látex examinadas sob duas perspectivas.

1- Sensibilidade devido ao contacto com o látex natural.

2- Sensibilidade devido ao incumprimento dos princípios sanitários por parte de alguns fabricantes.

A gravidade das reacções alérgicas ao látex depende de dois factores

R: O grau e o grau de sensibilidade da pessoa.

B: A quantidade de alergénio (alérgeno) que entrou no corpo.

O caso mais grave é quando o látex entra em contacto com partes húmidas do corpo ou órgãos internos (durante uma cirurgia). Neste caso, será absorvida uma grande quantidade de alergias.

O látex pode espalhar-se pelo ar e provocar sintomas respiratórios. Por exemplo, as proteínas do látex aderem ao pó (farinha de milho) das luvas e são libertadas para o ar.

Existe uma elevada concentração destas partículas em suspensão no ar do bloco operatório e da UCI que foram medidas.

Para reduzir estas reacções, podem ser utilizadas luvas sem pó ou luvas feitas de nitrilo ou baunilha.

Gases comprimidos

Instruções sobre como armazenar e trabalhar com cilindros contendo gases comprimidos.

Armazenamento e ventilação

- ➢ Zonas de armazenagem bem ventiladas, tanto por cima como pelo chão.
- ➢ Cilindros armazenados ao ar livre, protegidos da exposição a calor e temperatura excessivos.
- ➢ Os panos de lona ou qualquer outro revestimento não devem entrar em contacto direto com os cilindros.
- ➢ Sinais e placas que indiquem a proibição de trabalhos a quente nas suas imediações, colocados de forma visível.
- ➢ Os cilindros estão protegidos das condições ambientais que podem provocar a sua corrosão ou ferrugem.
- ➢ As luzes e os interruptores dos locais onde são armazenados gases inflamáveis, como o acetileno, devem ser retardadores de chama e certificados.
- ➢ Áreas de armazenamento concebidas e instaladas de forma a que, em caso de incêndio, as garrafas sejam facilmente esvaziadas.
- ➢ As garrafas de gases explosivos, como o propano e o acetileno, não devem ser armazenadas com outros gases de alta pressão ou garrafas de oxigénio.
- ➢ As garrafas devem ser armazenadas em locais separados.
- ➢ Se não for possível armazená-los em locais separados, devem ser armazenados a uma distância de pelo menos 3 metros.
- ➢ As garrafas cheias e as garrafas vazias são mantidas separadas.
- ➢ Todas as garrafas móveis no interior das instalações devem ter uma etiqueta de cheio ou vazio.

> As garrafas de gás devem ser armazenadas na vertical e fixadas com correntes ou cordas.

> A presença de óleo ou gordura exposta ao oxigénio a alta pressão pode provocar faíscas e até explosões, pelo que as garrafas devem ser mantidas afastadas de qualquer fonte de contaminação, como áreas oleosas.

> Locais específicos designados como locais de armazenamento e todas as garrafas de gás devem ser armazenadas nesses locais.

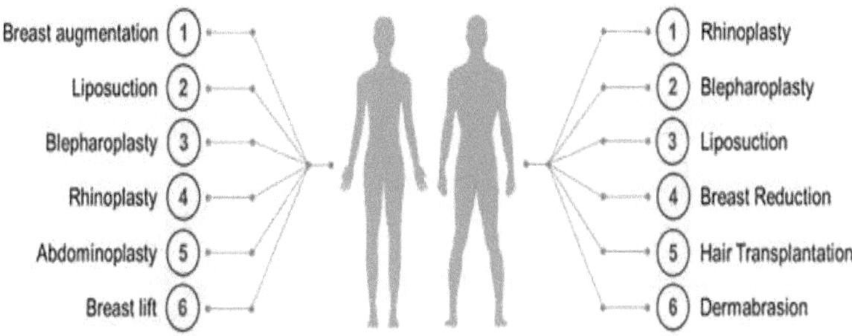

Figura 29. Complicações da cirurgia plástica

Como manusear os cilindros

Utilizar um suporte (por exemplo, um carrinho) e fixar bem a garrafa.

Evitar danificar as válvulas e os grampos e não os utilizar para transportar ou levantar.

Cilindros não utilizados como suporte durante o trabalho ou como macaco.

Os cilindros não devem ser deixados cair, atirados ou atingidos de forma violenta.

Ferramentas standard utilizadas para abrir e fechar as válvulas do cilindro, que devem estar no lugar enquanto o cilindro for utilizado.

As válvulas das garrafas fecham-se quando estão vazias ou paradas durante alguns minutos.

Quando as mangueiras são enviadas para um recinto fechado ou fechado, são desligadas do cilindro quando ninguém no interior do recinto está a observar.

Válvulas e reguladores

> ➢ As válvulas das garrafas abriram-se lentamente e fecharam-se completamente para cortar o gás. Não foi aplicada uma força excessiva às válvulas aquando do seu fecho.

> ➢ Os tubos flexíveis e os reguladores não devem ser deslocados quando os tubos flexíveis estiverem ligados ao cilindro, exceto se for utilizado um suporte adequado.

> ➢ Quando transportado em carroça, a válvula do cilindro é completamente fechada e os tubos e mangueiras são enrolados à volta da carroça com o máximo de gosto antes de esta se deslocar de um local para outro.

> ➢ As garrafas de oxigénio e acetileno utilizadas para soldar só podem ser utilizadas se tiverem reguladores que controlem automaticamente a pressão e válvulas unidireccionais que impeçam o retorno da chama. O outro lado também é instalado antes da tocha de soldadura.

Mãos e graus

Os manómetros são extremamente importantes e estão escritos nos tipos de indicadores de oxigénio com a palavra OXIGÉNIO e estes tipos não devem ser testados com óleo.

Os ponteiros utilizados para indicar a pressão das cápsulas de oxigénio, hidrogénio e azoto não devem ser inferiores a 229 bar.

Mangueiras

Utilizar apenas mangueiras de boa qualidade e fixá-las firmemente à tocha de soldadura com braçadeiras ou outro equipamento adequado (é proibida a utilização de braçadeiras JUBILEE).

Quando são necessários tubos flexíveis mais compridos do que o habitual e normalizados, os tubos flexíveis compridos são fixados com braçadeiras adequadas. Não é utilizado quando não é necessária uma mangueira longa.

As mangueiras são inspeccionadas periodicamente para garantir que não estão cortadas, rachadas ou queimadas.

Devem também ser dispostos de modo a não serem danificados pelo impacto do cilindro em arestas vivas ou pela queda de ferramentas metálicas ou faíscas da tocha de soldadura.

Utilizar apenas mangueiras vermelhas para acetileno e outros gases inflamáveis e ter o cuidado de não as substituir por outras mangueiras.

O comprimento das mangueiras deve ser uniforme e igual e as mangueiras extra não devem ser enroladas à volta do regulador.

Não colocar as garrafas nem as utilizar perto do tubo de entrada do compressor de ar.

Factores ergonómicos do ambiente de trabalho
- Transportar o doente
- Ajudar a deslocar o doente
- Materiais de transporte, caixas de cartão para alimentos
- Actividades repetidas
- Postura incorrecta

➢ Condições de trabalho fixas em que esta posição pode ser de pé ou
sentada.

Alguns dos problemas e lesões causados por situações inadequadas e
constantes no local de trabalho são os seguintes

➢ A realização de trabalhos longos em posição de pé causa
desconforto nas pernas e nas costas.

➢ Trabalhar sentado sem apoio na região lombar e sem o apoio para
as costas da cadeira provoca lesões na parte central das costas, ou
seja, na 4ª e na 9ª vértebras.

➢ Nas tarefas sentadas em que os cotovelos são colocados a uma
altura elevada, especialmente acima dos ombros, a parte superior
das costas e a parte inferior do pescoço ficam lesionadas.

➢ Nos trabalhos em que o braço e o antebraço são colocados acima da
cabeça, os ombros e os braços tornam-se problemáticos.

➢ Nos trabalhos em que a posição do pescoço é dobrada para trás,
surgem problemas graves no pescoço.

➢ Trabalhar numa posição em que as articulações estejam na sua
posição final (a abrir ou a fechar completamente) causará
desconforto nas articulações em funcionamento. As articulações
devem estar no meio da sua amplitude de movimento.

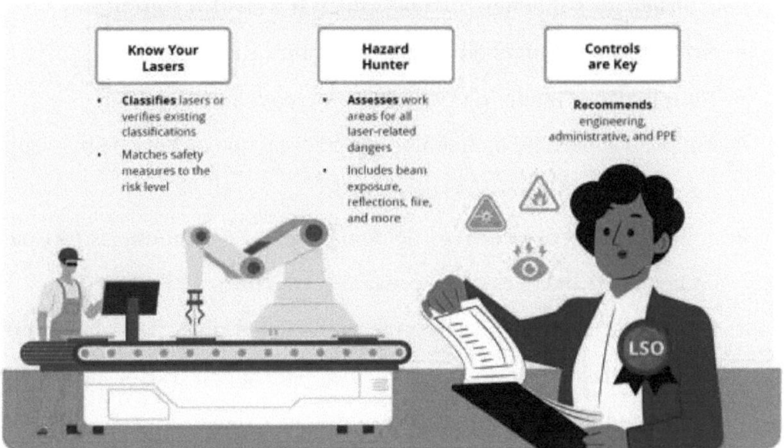

Figura 30. Como se tornar um responsável certificado pela segurança dos lasers

Formas de prevenir complicações músculo-esqueléticas devido a uma postura incorrecta no trabalho

Para reduzir os efeitos do trabalho constante numa só posição, desde que não afecte o conforto da pessoa e a correta execução do trabalho, recomenda-se a criação de uma variedade de posturas corporais, desde a posição de pé até à posição sentada ou vice-versa.

Quando a pessoa está a trabalhar de pé, o seu peso é distribuído uniformemente por ambas as pernas.

A cabeça da pessoa deve estar equilibrada e equilibrada numa posição vertical ou ligeiramente para a frente.

Os membros, o tronco e a cabeça posicionados de modo a que as articulações não abram ou fechem para além da sua amplitude de movimento.

As mãos não devem mover-se regularmente ou durante muito tempo a uma altura superior à dos cotovelos.

Melhor altura da superfície de trabalho para tarefas repetitivas

➢ No trabalho, ao nível do pé entre a cintura e o peito.

➢ No trabalho sentado, o nível entre os cotovelos e o peito.

➢ Em pé, a superfície de trabalho deve ser tal que a altura da mão seja ligeiramente inferior à do cotovelo.

➢ A posição dos dispositivos de controlo deve ser tal que as pessoas comuns e de baixa estatura possam aceder-lhes facilmente.

➢ Quando se está sentado, é preferível fazer o nível de trabalho um pouco mais alto do que o cotovelo, para que a pessoa possa ver corretamente o ponto de trabalho sem exercer pressão sobre o pescoço e as costas.

➢ Quando se sentar, utilize uma cadeira com uma altura adequada e ajustável de modo a que as pernas fiquem no chão. Além disso, a cadeira deve ter rodas e um apoio lombar de 26 a 59 cm na cintura, o chão da cadeira deve ter uma almofada adequada (nem demasiado macia nem demasiado rígida)

➢ Se as pernas estiverem suspensas, utilizar um apoio para os pés adequado.

➢ Se a cadeira não for ajustável, cada pessoa deve utilizar a sua própria cadeira com apoios para os pés e colchões.

Em geral, a posição da pessoa num posto de trabalho deve ser tal que a pessoa não sinta dor e não tenha de puxar, dobrar e rodar o corpo.

Em geral, qualquer trabalho que aumente o arco das costas agravará a dor e, com a redução do arco, a dor nas costas melhorará.

Para se sentar, é preferível utilizar uma cadeira robusta com as costas direitas e, ao sentar-se, deve colocar um pequeno apoio para os pés por baixo de uma das pernas e colocar o outro pé em cima dele (de modo a que os joelhos fiquem acima das coxas).

Nunca se sente numa posição durante muito tempo, levante-se ao fim de algum tempo e ande um pouco. Ao conduzir, sente-se de uma forma confortável para evitar a pressão nas costas.

O facto de apertar o cinto de segurança também evita movimentos bruscos da coluna vertebral.

Quando estiver de pé, não deve permanecer na mesma posição durante muito tempo, pelo que deve transferir o peso do corpo de um pé para o outro de tempos a tempos;

Para tal, é preferível colocar um pé sobre um pé pequeno quando se está de pé. Quando estiver de pé, evite colocar a mão na cintura e inclinar-se para trás, o que aumenta o arco da cintura. É preferível dobrar o peito ligeiramente para a frente. O uso de saltos altos também pode aumentar as dores nas costas.

Para dormir, é preferível deitar-se no chão ou numa cama de madeira e utilizar um colchão plano e firme. As camas de molas e os colchões soltos e artísticos são prejudiciais. Nunca dormir de barriga para baixo e deitar-se de costas; neste caso, é preferível colocar uma almofada debaixo dos joelhos. Tenha cuidado para não colocar a almofada debaixo das pernas e dos tornozelos. Se quiser dormir de lado, pode dobrar os joelhos e dobrar as pernas para dentro do abdómen.

Em vez de dobrar as costas, dobre os joelhos para levantar objectos do chão. Ou seja, primeiro sente-se em frente ao objeto que quer levantar e depois levante-se lentamente, segurando-o junto ao corpo. Nunca se deixe enganar pela leveza do corpo. Não comer. Levantar objectos do chão numa posição de pé significa que os joelhos estão direitos e as costas dobradas. É a posição que exerce maior pressão sobre as vértebras e o disco intervertebral.

Desporto

Se quiser fazer exercício, pode recorrer a exercícios especiais. Estes exercícios servem para reforçar os músculos à volta da coluna vertebral, bem como os músculos abdominais, que se aprendem diariamente com a orientação do seu terapeuta.

É preferível que o exercício seja calmo e regular. O exercício diário é melhor do que o exercício pesado que se faz de uma só vez e sem preparação prévia (como o futebol ou o alpinismo nas férias).

Tenha cuidado para não dobrar as costas durante o exercício. Dobrar as costas e encostar os dedos ao chão enquanto os joelhos estão esticados é prejudicial.

O levantamento de pesos é um desporto perigoso. Levantar objectos pesados acima da cintura é prejudicial. O ciclismo é um exercício muito útil, porque o tronco é inclinado para a frente e o arco lombar é reduzido quando se anda de bicicleta. A natação, nomeadamente a natação em crawl, também é útil. Desde que não se levante demasiado a cabeça ao nadar.

Quando uma pessoa sobe as escadas, inclina o tronco para a frente e o arco lombar diminui. Por conseguinte, a flexibilidade é útil. Inversamente, quer ao descer, porque a pessoa está a empurrar o tronco para trás, o elevador utilizado, quer ao descer as escadas, agarrar a pega do degrau de modo a que o tronco se incline ligeiramente para a frente. A marcha e a caminhada rápida não são muito úteis, porque algumas pessoas estão habituadas a empurrar o peito para a frente quando andam, o que aumenta o arco da cintura. Claro que correr lentamente não é um problema.

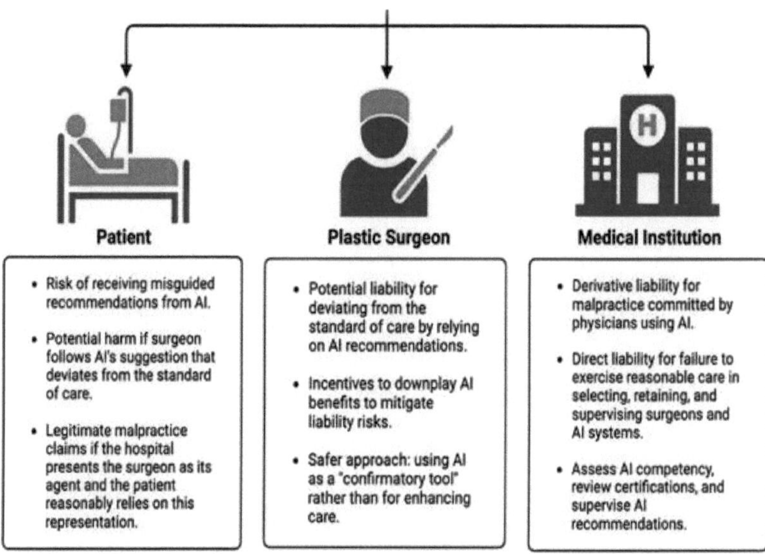

Figura 31. O código de leis do ChatGPT e a inteligência artificial

Lembrete

Prepare e aqueça o seu corpo suavemente antes de fazer exercício extenuante ou de fazer tarefas domésticas. Descansar a meio ou depois do exercício ajuda a aliviar o cansaço e as dores musculares das costas. Em trabalhos pesados e viagens longas, a utilização de um lenço de cintura ou de um cinto médico evita uma grande pressão na cintura.

Se a pessoa for obesa, a perda de peso será eficaz para reduzir a dor. Quando tiver dores lombares, descanse na cama e nem sequer faça coisas simples como fazer a cama. Utilizar um saco de água quente, um colchão elétrico ou uma banheira de hidromassagem para reduzir a dor é benéfico.

Se prescrito por um médico, pode utilizar relaxantes musculares, analgésicos e analgésicos, anti-inflamatórios, sedativos e hipnóticos.

Exercícios adequados para aliviar a fadiga no local de trabalho Levantar os ombros e mantê-los nesta posição durante alguns segundos.

Fazer 5 vezes. Mova a sua mão numa pequena direção circular no sentido dos ponteiros do relógio.

Mova as suas mãos em círculos maiores e mais completos.

Com as mãos levantadas à frente, abra e feche os dedos e repita este movimento com as mãos para cima e para baixo.

Enquanto levanta uma mão pela frente e o cotovelo está perfeitamente direito e esticado, puxe o pulso para baixo com a ajuda da outra mão.

Repita este movimento enquanto baixa a mão.

Enquanto coloca a sua mão num ângulo de 45 graus afastado do tronco, estique o pescoço com a outra mão. Faça o mesmo na direção oposta.

Na medida do possível, rodar os dedos e as mãos com o corpo para cima e para a esquerda e depois para a direita.

Mergulhar um pé em parafina quente, fazendo uma pausa entre as camadas para as deixar secar.

Coloque as mãos nas ancas e, em seguida, dobre os ombros e o corpo para trás e volte à posição normal.

Exercícios adequados para aliviar a fadiga ocular

As tarefas que exigem grande precisão no trabalho, como a cirurgia, o trabalho com um computador, o trabalho num laboratório ou o trabalho com ferramentas como um microscópio, cansam os olhos através da realização de exercícios sob os músculos oculares e, além disso, eliminam a sua fadiga.

Exercício 1: Pressione suavemente os dois lados da cabeça nas têmporas com dois dedos para esticar os músculos, enquanto abre e fecha os olhos regularmente. Repetir 5 vezes.

Exercício 2: Sente-se direito com os olhos fechados e relaxados. Quando as pálpebras se fecharem durante o exercício, olhe primeiro para baixo e depois para cima, o mais alto possível. Faça as vezes.

Exercício 3: Sente-se direito com os olhos fechados e relaxados. Enquanto mantém os olhos fechados durante o exercício, levante as sobrancelhas o mais alto possível e baixe as pálpebras o mais possível. Permaneça e conte até 5. Descanse e repita este exercício 5 vezes.

Exercício 4: Sente-se direito com os olhos abertos e relaxados. Feche a pálpebra superior até meio e, ao mesmo tempo, levante as sobrancelhas. Depois, abra bem os olhos para ver o branco dos seus olhos na parte superior da íris.

Exercício 5: Tal como nos três movimentos anteriores, sente-se direito e mantenha a cabeça direita com os olhos abertos. Enquanto mantém a cabeça direita, olhe primeiro para cima e depois para baixo. Repita este movimento 10 vezes. Agora, mantenha o corpo e a cabeça na mesma posição e, desta vez, olhe para a esquerda e para a direita. Faça este movimento 10 vezes.

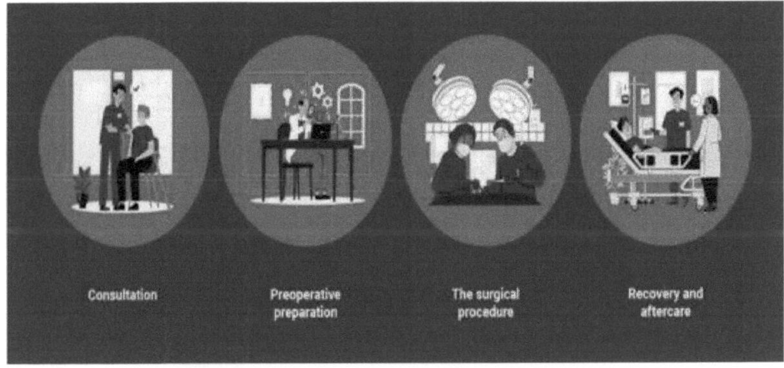

Figura 32. O que é a cirurgia plástica?

Pluma de fumo Fumo cirúrgico

Lasers ou dispositivos electrocirúrgicos, tais como cateteres, necessários durante a cirurgia. "Pluma" ou fumo cirúrgico produzido quando os tecidos moles são destruídos. O fumo cirúrgico pode conter gases e fumos tóxicos como o benzeno, o cianeto de hidrogénio e o formaldeído, bioerossóis, materiais celulares vivos e mortos (incluindo componentes sanguíneos) e vírus.

Riscos potenciais

A exposição a concentrações elevadas de fumos cirúrgicos pode provocar alergias nos olhos e no trato respiratório superior e causar problemas de visão no grupo de preparação pré-operatória. Os fumos podem conter gases tóxicos com efeitos adversos potencialmente graves para a saúde, tais como efeitos mutagénicos e carcinogénicos.

Soluções possíveis

> Utilização de um dispositivo portátil de aspiração de fumo cirúrgico e de um sistema de aspiração de ar na sala com filtros lineares.

> Mantenha a aspiração de fumo e a câmara de aspiração no tubo do bocal de saída com uma abertura de 2 polegadas a partir do local da cirurgia para absorver eficazmente os contaminantes transportados pelo ar.

> Esvaziar todos os fumos, independentemente da quantidade de produção.

> Manter sempre o dispositivo de extração de fumos ativo e ligado (durante as cirurgias ou qualquer operação em que se produzam partículas em suspensão).

> Examine todos os acessórios, tubos, filtros e sorventes para detetar resíduos infecciosos e elimine-os adequadamente.

> Utilizar novas ligações antes de cada operação e substituir os filtros de fumo da sala de operações de acordo com as instruções do fabricante.

> Examine cuidadosamente o sistema de combustão cirúrgica para se certificar de que está a funcionar corretamente.

Instruções para alcançar maior segurança e reduzir as queimaduras causadas pela utilização de um dispositivo de electrocauterização De acordo com os relatórios fornecidos sobre queimaduras causadas por cirurgia de electrocauterização, estudos e pesquisas realizadas por especialistas neste campo, a cirurgia segura com um dispositivo de electrocauterização, para além da qualidade e do desempenho do dispositivo, depende da familiaridade do operador com dicas de segurança. Por conseguinte, esta instrução é anunciada sob a forma de três secções da sala de operações e factores ambientais, utilização e manutenção do sistema imunitário do doente.

Sala de operações e factores ambientais

Para segurança do doente e do operador e para reduzir as interferências electromagnéticas e o ruído, a terra de proteção do dispositivo de electrocauterização deve ser ligada à terra de proteção padrão dos centros médicos e o cabo de alimentação do dispositivo de electrocauterização deve ser ligado apenas à tomada com terra eléctrica já existente e à sua terra eléctrica aprovada. Algumas casas eléctricas (como as utilizadas em centros médicos e salas de operações devido ao número insuficiente de tomadas na sala) devem ter todas uma ligação à terra eléctrica e testada.

A ligação à terra de proteção deve ser normalizada e notou que a utilização de zero em vez de ligação à terra de proteção no quadro elétrico não é autorizada e é perigosa para os centros médicos.

Para limpar e desinfetar o aparelho, utilizar, tanto quanto possível, materiais não inflamáveis e, se forem utilizados materiais inflamáveis, permitir a utilização de materiais não inflamáveis e, se forem utilizados materiais inflamáveis, fornecer componentes que possam ser utilizados. A ignição utilizada evaporou-se antes da utilização do aparelho.

Durante a cirurgia, o corpo do doente não deve encontrar componentes metálicos ligados à terra eléctrica, componentes metálicos com uma capacidade capacitiva significativa e tecidos húmidos e molhados, uma vez que a fuga de corrente de alta frequência pode ocorrer devido à fuga de corrente de alta frequência. Pequenas, causam queimaduras. (O trajeto da corrente do dispositivo é estabelecido com uma resistência mínima).

Para separar completamente o doente das partes metálicas da cama, é melhor escolher camas anti-estáticas para o bloco operatório e não as rasgar. A secura do colchão também é totalmente observada.

Os cabos de electrocauterização devem ser mantidos afastados dos cabos do doente e do monitor e os cabos devem ser enrolados.

Cabos de corte colocados de forma a encontrarem o doente e outros fios.

Ao ativar o dispositivo, as ondas electromagnéticas podem interferir com o funcionamento de outros equipamentos eléctricos e electrónicos. Por conseguinte, evite utilizar dispositivos que emitam ondas electromagnéticas que excedam a norma e utilize também dispositivos à volta do doente que estejam protegidos contra interferências electromagnéticas (especialmente doentes com pacemaker).

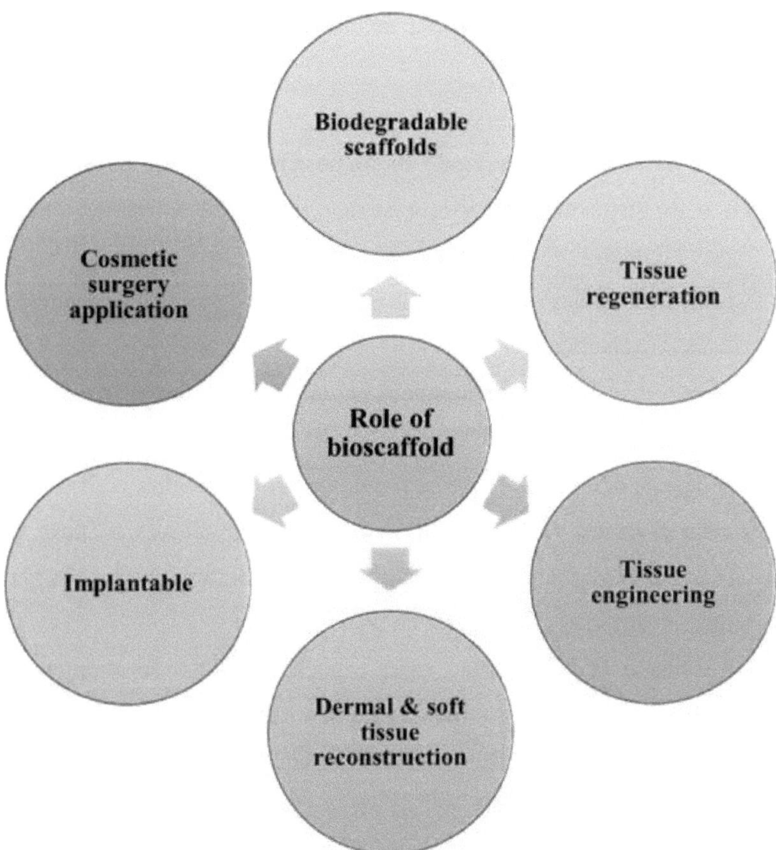

Figura 33. Aplicações de bio-scaffolds em cirurgia plástica

Utilização e manutenção do aparelho

Antes e depois de cada cirurgia, o dispositivo de electrocauterização e os seus acessórios são inspeccionados e os cabos de interface com isolamento e ligações danificados são substituídos ou reparados.

É ainda possível que o dispositivo disponha de um monitor para mostrar a ligação da placa ao aparelho e tenha a capacidade de mostrar a função da caneta de corte . O aparelho dispõe de um alarme com uma audibilidade mínima de 94 dB por metro.

Se notar um fraco desempenho do dispositivo, antes de aumentar a potência do dispositivo, certifique-se de que:

1- A placa tem uma ligação adequada.

2- A placa de interface e o fio não apresentam riscos, vincos, queimaduras, furos e casos semelhantes.

3- A caneta está limpa e a água metálica da ponta não desapareceu (não mudou muito de cor)

4- A caneta de corte não apresenta fissuras ou lábios pálidos.

5- O cabo da caneta não apresenta riscos, rasgões, queimaduras, furos ou casos semelhantes em qualquer ponto (os dois últimos casos destinam-se a proteger o médico e o utilizador de queimaduras).

6- Os cabos e as fichas estão completamente ligados (se alguma das ligações aquecer durante o funcionamento, a razão é que a ligação não é saudável, o que deve ser feito antes de criar um problema grave).

É mesmo possível utilizar placas descartáveis de duas partes em dispositivos que controlam a ligação do corpo à placa. Especialmente para cirurgias de longa duração, a utilização destas placas e dispositivos é fortemente recomendada.

No método Bipolar, devido à ausência de placa e à menor potência de saída, o risco de queimaduras é menor do que no método Monopolar. Por isso, nos casos em que é possível utilizar o método Bipolar.

A placa é inspeccionada antes da utilização para excluir placas que tenham amolgadelas, rugas ou curvaturas na superfície da placa que possam produzir pontos de corrente de alta densidade que resultem em queimaduras.

- O material e as dimensões da placa são selecionados em função da potência de saída. Caso contrário, podem ocorrer queimaduras devido ao aumento da densidade da corrente no ponto de contacto. A este respeito, recomenda-se a utilização da placa padrão do fabricante do dispositivo para cada dispositivo.
- Dimensões da placa utilizadas de acordo com a idade do doente (para crianças, crianças e adultos).
- A localização da placa deve ser a mais próxima do local da cirurgia para que a corrente eléctrica percorra o caminho mais curto e, neste percurso, a corrente não atravesse o coração e os pulmões.
- Quando utilizar placas permanentes, aplique a superfície do elétrodo de gel na placa. Não utilizar água ou solução salina para aumentar o contacto da placa com o doente.
- Certificar-se de que a placa está firmemente fixada à pele e de que é utilizada toda a superfície adesiva da placa. Limpar a superfície da placa com uma escova de plástico e uma solução de lavagem adequada e certificar-se de que a placa está seca antes de a utilizar.
- As canetas de corte ligadas ao dispositivo que não são utilizadas durante a operação devem ser colocadas num local adequado (mesmo quando estão longe do doente) para não queimarem o doente ou o pessoal quando o dispositivo é ativado involuntariamente.
- A caneta de cateter deve estar sempre limpa e livre de efeitos de aderência de tecidos causados por utilização anterior.

Figura 34. O impacto emocional da rinoplastia

Perigos Laser Perigos Laser

Quase todos os lasers cirúrgicos pertencem à classe 4 e foram concebidos para emitir radiação laser num ponto específico dos tecidos moles biológicos. Uma vez introduzidos os lasers nos estabelecimentos de saúde, os profissionais devem preparar-se para identificar as normas de segurança para o pessoal e os doentes. Todos os elementos dos sistemas médicos são necessários.

Riscos potenciais

> Lesões oculares graves provocadas por radiação direta ou reflexão de raios laser.

> Queima a pele devido à radiação direta do feixe de laser cirúrgico quando desviado.

> Riscos respiratórios em caso de emissão de partículas contaminadas (LGAC)

Medidas de controlo

A American National Standards Organization (ANSI) (Z136 Series of Laser Safety Standards) abrange o domínio dos lasers médicos e fornece orientações sobre a utilização segura dos lasers em várias aplicações de diagnóstico, cosméticas, preventivas e terapêuticas em dispositivos médicos.

Estas diretrizes são evidentes para uma utilização segura na indústria e incluem soluções como as seguintes

Utilizar óculos de proteção adequados, especialmente concebidos para proteger contra o comprimento de onda do laser utilizado. (Todos os óculos e protecções oculares devem ter as caraterísticas da densidade da luz e do comprimento de onda do laser)

O sinal de aviso LTCA (Área de Terapia Laser Controlada) deve ser claramente visível em todas as entradas de portas a instalar em todas as entradas que utilizem o laser.

O sinal de aviso está gasto ou foi retirado quando o laser não está a ser utilizado.

Aviso: Não expor ao raio laser de classe 2.

Aviso: Perigo de radiação de raios laser de classe 4: Evitar o contacto direto com a pele e os olhos e a radiação direta ou o seu reflexo. Os técnicos com formação em sistemas laser só devem efetuar a manutenção do laser e do sistema laser.

Providenciar ventilação adequada com pressão negativa para evacuar o fumo resultante durante as operações com laser. O sistema de ventilação deve estar equipado com filtros lineares para reduzir o fumo gerado pelo laser durante a cirurgia. Utilizar um filtro ou absorvente adequado para reduzir qualquer tipo de transmissão de radiação laser abaixo do nível de contacto máximo aceitável. Para todas as janelas ou entradas interiores ou exteriores em zonas perigosas de sistemas laser da classe 3B e da classe 4. Assegurar métodos comuns de calibração e alinhamento para preparar os sistemas laser antes da sua utilização. Proteger a pele de contactos repetitivos previsíveis que estejam próximos do máximo permitido. Fornecer pormenores de formação sobre segurança dos lasers ao pessoal médico que trabalha com lasers das classes 3B e 4. Garantir a saúde dos funcionários que trabalham com sistemas laser.

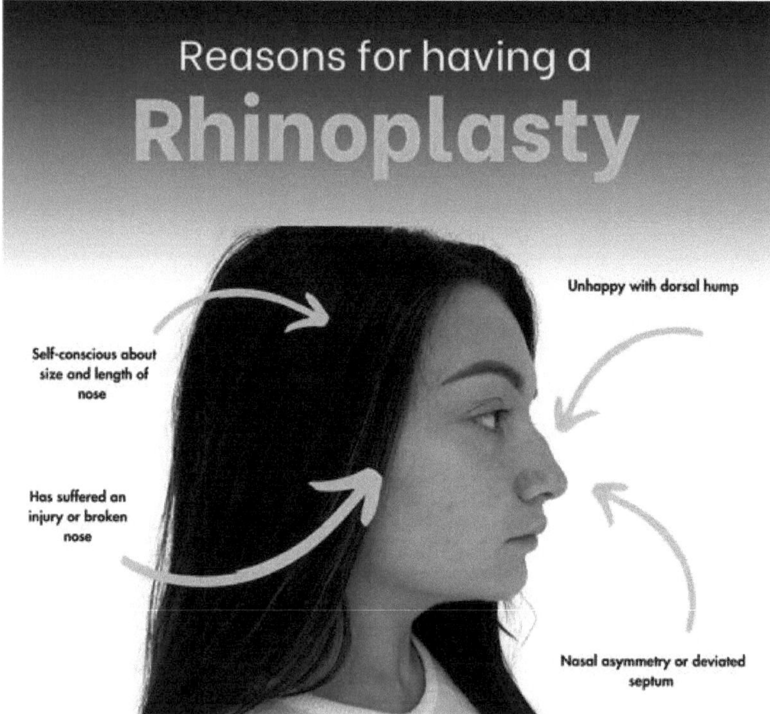

Figura 35. Rinoplastia

Capítulo VI
Tipos de métodos de cirurgia do nariz

Com base na área da incisão, o processo de alteração da forma do nariz é efectuado em dois métodos cirúrgicos fechados e abertos.

1- Rinoplastia natural fechada: Na rinoplastia fechada, nenhuma incisão é feita na superfície da pele do nariz e todas as incisões necessárias são feitas no interior das narinas. No método fechado, o cirurgião terá normalmente limitações em efetuar as alterações pretendidas, pelo que este método fechado pode ser uma boa opção para a cirurgia da estrutura nasal que não enfrente alterações complexas. Salienta-se que a rinoplastia fechada exige grande habilidade e experiência do cirurgião nasal. Por conseguinte, ao realizar este processo utilizando o método fechado, é necessário selecionar um médico especialista que possua os conhecimentos suficientes e necessários neste domínio.

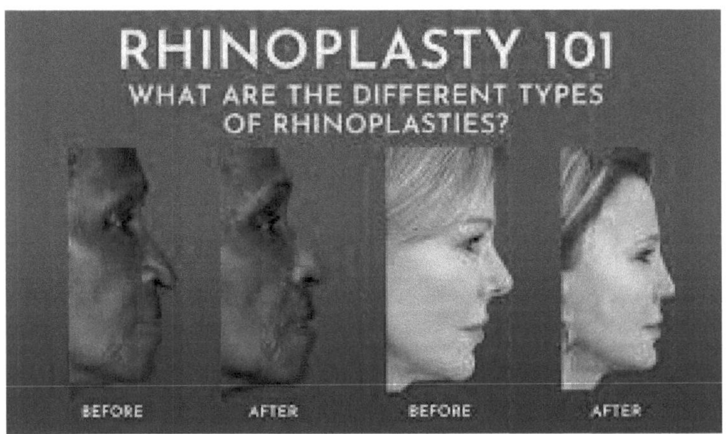

Figura 36. Quais são os diferentes tipos de rinoplastias?

2- Rinoplastia aberta natural: Na rinoplastia aberta, as incisões pretendidas são efectuadas na zona média das fossas nasais; a esta zona chama-se a columela. De notar que na rinoplastia aberta, a possibilidade de erros e complicações, nomeadamente problemas respiratórios, assimetria nas narinas, etc., é minimizada.

Tipos de narizes

Os narizes dividem-se em duas categorias: os narizes carnudos e os narizes ósseos:

1- Nariz ósseo: Apresentam ossos fortes e pele fina. A manobrabilidade do cirurgião na cirurgia deste tipo de nariz é grande, e de facto, diz-se que os narizes ósseos, devido às suas caraterísticas, proporcionam a possibilidade de serem operados nos três modelos natural, fantasia e semi-fantasia.

2- Narizes carnudos: Possuem pele grossa e cartilagem fraca, portanto, considerando as caraterísticas que listamos para eles, não possuem muita capacidade de mudança, e o melhor modelo para cirurgia estética de narizes carnudos é a rinoplastia natural. Observou-se que os homens são mais propensos do que as mulheres a solicitar a rinoplastia natural. Porque querem manter o seu charme e atratividade masculinos e evitar narizes de fantasia e de boneca. Em geral, os homens preferem que apenas os problemas do nariz sejam resolvidos durante o procedimento e que o nariz se torne proporcional às outras partes do rosto.

Que partes foram alteradas na rinoplastia natural?

- ✓ Cartilagem alar.
- ✓ Septo.
- ✓ Cartilagens de ambos os lados do nariz.
- ✓ Osso nasal.
- ✓ Columelar.
- ✓ Cristas alveolares nasais.

Cuidado que, dependendo do modelo e formato do nariz, a pessoa que busca beleza pode solicitar que uma das partes dê mais manobra na rinoplastia.

Rinoplastia natural para homens

Os órgãos dos homens são particularmente grandes em comparação com os das mulheres. As mulheres têm órgãos delicados e femininos que podem facilmente usar todos os modelos de nariz e que se adaptam a todos os rostos sem exceção, mas não é o caso dos homens. Para manterem a identidade masculina do seu rosto, utilizam sobretudo modelos proporcionais e em harmonia com as outras partes do rosto. É por isso que a maioria dos homens é candidata a uma rinoplastia natural. Este modelo pode efetivamente realçar a aparência masculina do rosto dos homens, e poucas pessoas irão notar a mudança na aparência do seu nariz.

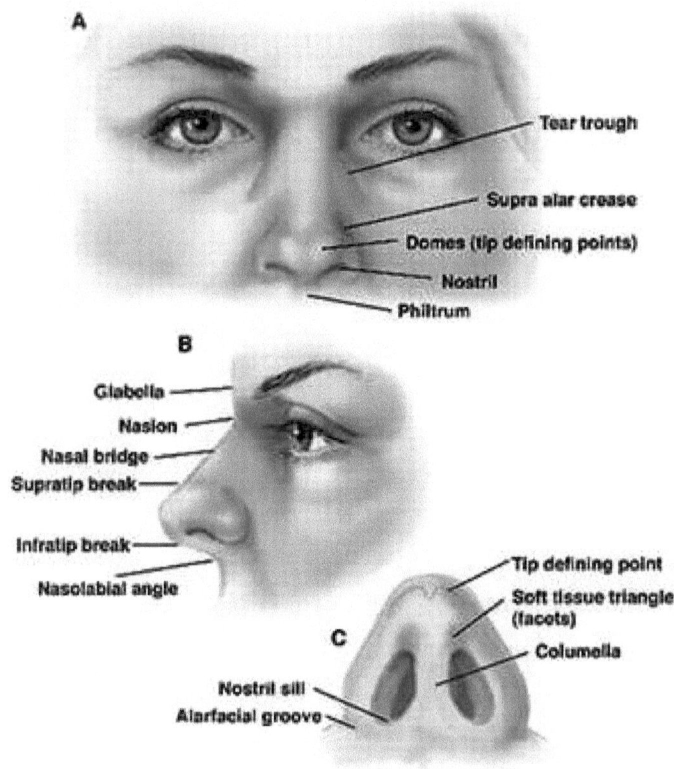

Figura 37. Todas as técnicas de rinoplastia

Passos antes da rinoplastia natural

> É obrigatório efetuar uma análise ao sangue antes do procedimento prescrito pelo cirurgião de rinoplastia.

> As pessoas devem abster-se de fumar e de beber álcool durante duas semanas.

> Medicamentos antes da rinoplastia, tais como analgésicos como o ibuprofeno e o gelofen, bem como vitamina E, proibidos durante duas semanas.

➢ Se tiver uma doença específica e estiver a tomar uma medicação específica, deve informar o cirurgião de rinoplastia antes da rinoplastia.

➢ Tomar um banho na noite anterior ao procedimento.

➢ Comer um jantar ligeiro na noite anterior ao procedimento e fazer jejum durante cerca de 6 a 8 horas antes da rinoplastia.

➢ No dia da intervenção, comparecer na clínica uma hora antes da hora marcada e fazer-se acompanhar por um acompanhante.

Cuidados pós-cirurgia de rinoplastia natural

Após a rinoplastia, ocorrem inchaço e nódoas negras, que se reduzem com a utilização de compressas frias durante 24 horas e em determinados intervalos.

A alimentação após a rinoplastia deve começar com a ingestão de líquidos e, em geral, os alimentos que exigem mastigação prolongada devem ser evitados na primeira semana após a cirurgia.

Sal e especiarias, especialmente pimenta, minimizados durante algum tempo após a rinoplastia. Porque o consumo destes itens irá agravar o inchaço causado pela operação.

Durante uma semana após a cirurgia ao nariz, só deve dormir com a cabeça aberta.

A forma de dormir após a rinoplastia é colocar a cabeça mais elevada do que o habitual, colocando duas almofadas, ajudando assim a melhorar a circulação sanguínea e a evitar o agravamento do inchaço.

Os medicamentos prescritos após o procedimento devem ser tomados de acordo com as instruções e até ao fim.

É estritamente proibido tomar qualquer medicamento após a rinoplastia para efeitos de controlo da dor, etc., sem consultar um médico.

É proibido fumar e consumir álcool de 2 semanas antes a 2 semanas depois da cirurgia ao nariz.

É proibido tomar banho durante uma semana após o procedimento de remodelação do nariz, ou seja, enquanto o gesso estiver no nariz. É claro que não há problema em lavar o corpo durante este período.

Evitar actividades pesadas e o transporte de objectos com peso superior a 3 kg durante um mês após a cirurgia ao nariz.

Ao observar o acima exposto, pode ajudar a acelerar o processo de recuperação após a cirurgia natural ao nariz e ter um bom período de recuperação.

Razões para efetuar uma cirurgia ao nariz

- ✓ Alterar a forma da ponta do nariz.
- ✓ Reduzir o tamanho das narinas.
- ✓ Mudar o ângulo.
- ✓ Remoção da saliência do nariz.
- ✓ Tratamento de pólipos nasais.
- ✓ Eliminação do desvio do septo nasal.

Quem está a pensar em fazer uma plástica ao nariz?

Normalmente, as pessoas procuram a beleza e ficam bonitas, mas no processo de rinoplastia, algumas pessoas geralmente decidem melhorar a forma do seu nariz observando os outros à sua volta, mas muitas outras decidem mudar devido a alguns defeitos na estrutura e na forma geral do nariz. Os que têm alguns defeitos na forma do nariz, tais como curvatura, desvio, tamanho grande e muitas outras coisas, juntam-se ao grupo de candidatos à cirurgia do nariz. Hoje, com o avanço da rinoplastia e do método nela criado, é fácil aplicar da melhor forma todos os pedidos solicitados, desde os menores até os totais.

A melhor idade para uma cirurgia ao nariz

Porque não há limite para efetuar uma cirurgia ao nariz numa idade mais avançada. É preferível que as pessoas não efectuem a cirurgia ao nariz até o processo de crescimento estar completo. Porque com o crescimento da cartilagem e do osso do nariz numa idade jovem, se uma pessoa efetuar uma rinoplastia antes de atingir a puberdade, existe a possibilidade de alterar a forma criada. Por conseguinte, é preferível que as mulheres realizem a cirurgia ao nariz aos 16 anos e os homens aos 18 anos, quando o nariz já não muda e cresce, mas numa idade mais avançada, quando a pele já não tem as suas condições elásticas, é melhor não realizar esta cirurgia. É verdade que a cirurgia do nariz não tem limite de idade, mas para reduzir a quantidade de possíveis complicações, é melhor realizar este procedimento na idade apropriada.

Tipos de narizes

O nariz divide-se em duas categorias com base no tipo de pele, cartilagem e tecido nasal e a rinoplastia é efectuada em conformidade:

1- Nariz ósseo: Os narizes que têm pele fina e cartilagem e osso fortes chamam-se narizes ósseos. Na maioria dos casos, uma das caraterísticas proeminentes dos narizes ósseos é a existência de uma protuberância na ponte do nariz.

2- Nariz carnudo: Este tipo de nariz tem uma pele espessa com glândulas sebáceas abundantes e tecido e cartilagem fracos. A caraterística do nariz carnudo é ter uma ponta larga e descaída.

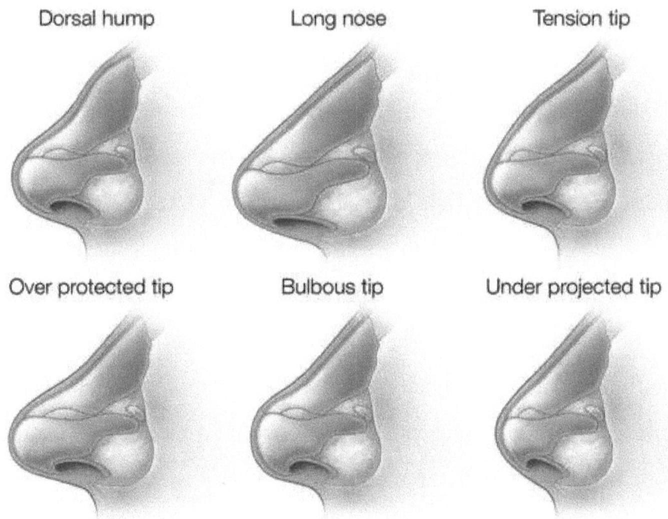

Figura 38. Rinoplastia e rinoplastia de revisão

Métodos de execução da rinoplastia

1- Técnica aberta: Neste método, o médico pode levantar a pele da cartilagem fazendo uma incisão por baixo do nariz e ter o maior acesso à anatomia interna do nariz. Pode também fazer mais alterações e trabalhar com mais pormenor. Após a conclusão do procedimento, a incisão é fechada com pontos. Uma das desvantagens deste método é o período de recuperação e o maior inchaço.

2- Técnica fechada: Neste processo, o cirurgião faz uma incisão no interior das narinas e este método, tal como o anterior, não tem um campo de visão alargado e não é possível efetuar muitas alterações através deste processo. Uma das vantagens deste método é que requer menos tempo de recuperação e não deixa cicatriz.

Diferença entre rinoplastia aberta e fechada

Duas técnicas utilizadas na rinoplastia. Cada uma tem suas vantagens sobre a outra e é adequada para um tipo de cirurgia. Na sessão de consulta após o exame e os exames, o melhor cirurgião de nariz determinará para si qual a técnica utilizada para o próximo procedimento.

O método aberto na cirurgia do nariz permite efetuar alterações mais pormenorizadas devido à amplitude de visão que proporciona ao médico durante a operação, mas para tais operações é utilizado o método fechado. Na técnica fechada, como o cirurgião de nariz não tem acesso total à sua anatomia interna, não é adequado para efetuar alterações microscópicas. Outra diferença entre os métodos aberto e fechado na cirurgia estética do nariz pode ser a quantidade de inchaço após o procedimento.

O resultado da cirurgia do nariz com osso e da cirurgia do nariz com carne

A cirurgia do nariz de osso é desejável e satisfatória devido ao facto de ter tecido e pele adequados. Atualmente, a cirurgia do nariz carnudo também tem sido capaz de fazer algo pelas pessoas com nariz carnudo, utilizando a implantação de cartilagem e fortalecendo a cartilagem fraca. Vale a pena notar que a cirurgia do nariz de carne era efectuada no passado através da remoção de tecido e cartilagem. É por isso que o nariz ficava bonito durante um curto período de tempo.

8 Caraterísticas do melhor cirurgião de nariz

- ➢ O melhor cirurgião de nariz deve aplicar as alterações necessárias ao nariz do paciente com a máxima precisão e delicadeza, para que o resultado da alteração da forma do nariz tenha os efeitos desejados.
- ➢ Um bom cirurgião de nariz deve prestar atenção suficiente à proporção do nariz com a anatomia facial e aplicar as alterações

desejadas ao nariz de uma forma que não perturbe a harmonia do rosto do doente.

➢ O melhor cirurgião de nariz deve dar prioridade à saúde do paciente e manter os princípios e normas de segurança para obter resultados satisfatórios.

➢ Um bom cirurgião de nariz deve alterar a forma do nariz, mantendo o processo respiratório e as caraterísticas faciais da pessoa, e não causar perturbações funcionais e respiratórias ao doente.

➢ O melhor cirurgião de nariz deve pacientemente prestar atenção ao gosto e desejo do paciente e dar-lhe uma visão global do resultado da cirurgia do nariz, para que a pessoa possa tomar uma decisão sobre a sua própria cirurgia.

➢ Um bom cirurgião de nariz deve ganhar a confiança do paciente. Porque a confiança no cirurgião de nariz tem uma relação direta com a satisfação do indivíduo.

➢ Em geral, o melhor cirurgião de nariz deve conseguir um resultado desejável da remodelação do nariz, combinando a ciência médica e a ciência estética.

➢ Vale a pena mencionar que a qualidade e o resultado desejado da remodelação do nariz estão de acordo com a escolha correta do cirurgião de nariz.

Sinus Surgery

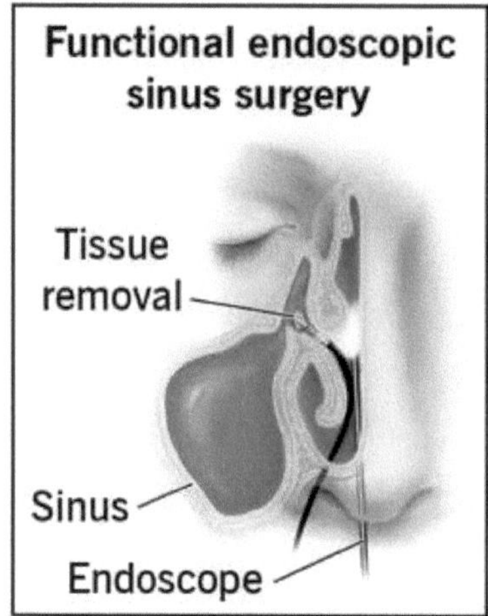

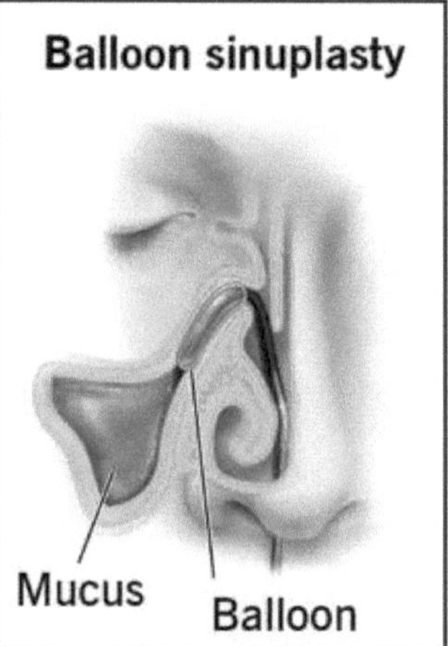

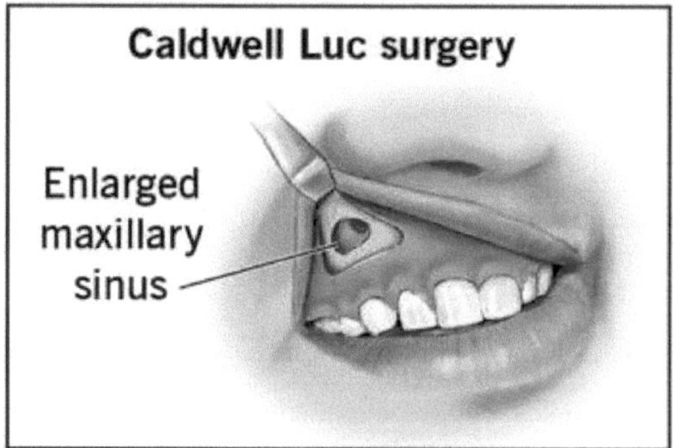

Figura 39. Cirurgia do seio maxilar

7 pontos relativos à consulta antes da cirurgia ao nariz

> ➤ No primeiro passo, deve encontrar-se com o seu cirurgião e falar com ele sobre se é ou não um bom candidato a rinoplastia.

> ➤ Explique ao cirurgião o motivo pelo qual pretende fazer uma rinoplastia e o resultado esperado.

➢ O cirurgião irá rever o seu historial médico e fazer perguntas sobre as suas condições médicas e medicamentos.

➢ Se tiver hemofilia, o cirurgião opor-se-á a qualquer intervenção cirúrgica.

➢ O cirurgião examiná-lo-á fisicamente e examinará cuidadosamente a pele interna e externa do seu nariz para determinar possíveis alterações.

➢ O cirurgião irá pedir-lhe análises ao sangue ou outros exames.

➢ Também durante a consulta, o cirurgião tirará fotografias do seu nariz de diferentes ângulos e utilizá-las-á durante a cirurgia.

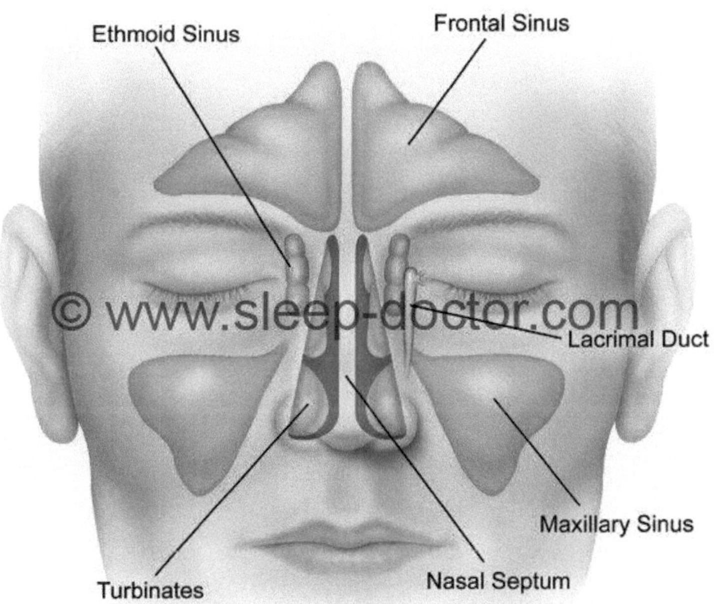

Figura 40. Procedimentos nasais

Referências

Sociedade Internacional de Cirurgia Plástica Estética, inquérito internacional da ISAPS sobre procedimentos estéticos/cosméticos realizados em 2013, 2013.

Bidkhori M, Yaseri M, Sari AA, Majdzadeh R. Relação entre fatores socioeconômicos e incidência de cirurgia estética em Teerã, Irã. Iran J Public Health 2021; 50(2): 360.

Kalantar Hormozi A, Maleki S, Rahimi A, Manafi A, Amirizad SJ. Cosmetic surgery in Iran: Caraterísticas sociodemográficas dos pacientes de cirurgia estética numa grande amostra clínica em Teerão. O jornal americano de cirurgia estética 2018; 35(4): 177-82.

Mozaffari-Niya NM, Kazemi M, Abazari F, Ahmadi F. Iranians' perspective to cosmetic surgery: Uma análise de conteúdo temático para as razões. World J Plast Surg 2019; 8(1): 69.

Safarishali R. [Women's tendency towards cosmetic surgery as social acceptability: Exibindo o bem-estar objetivo]. Ciências sociais 2019; 26: 69-96.

E'temadifard SM, Amani M. [Um estudo sociológico sobre as motivações das mulheres para a realização de cirurgia estética]. Women studies 2013; 4(8): 1-22.

Fredrickson BL, Roberts TA. Teoria da objectificação: Toward understanding women's lived experiences and mental health risks. Psychol Women Q 1997; 21(2): 173-206.

Calogero RM, Pina A, Sutton RM. Cutting words: A auto-objectificação aumenta a intenção das mulheres de fazer cirurgia estética. Psychol Women Q 2014; 38(2): 197-207.

Khanzadeh M, Beshlideh K, Hamid N, Marashi S. [Projetando e testando modelo dos antecedentes de sintomas dismórficos corporais em estudantes]. Jornal de psicologia clínica 2017; 9(1): 85-100.

Park SY, Baek YM. Duas faces da comparação social no Facebook: A interação entre orientação de comparação social, emoções e bem-estar psicológico. Comput Hum Behav 2018; 79: 83-93.

Yang CC, Bradford Brown B. Auto-apresentação online no Facebook e auto-desenvolvimento durante a transição para a faculdade. J Youth Adolesc 2016; 45(2): 402-16.

Lee M, Lee HH. Atividade fotográfica nas redes sociais, internalização, comparação da aparência e satisfação corporal: O papel moderador do comportamento de edição de fotos. Comput Hum Behav 2021; 114: 106579.

De Vries DA, Kühne R. Facebook and self-perception: Suscetibilidade individual à comparação social negativa no Facebook. Pers Individ Dif 2015; 86: 217-21.

Fardouly J, Willburger BK, Vartanian LR. Uso do Instagram e preocupações com a imagem corporal e auto-objectificação de mulheres jovens: Testando caminhos de mediação. New Media Soc 2018; 20(4): 1380-95.

Smolak L. Imagem corporal em crianças e adolescentes: Para onde vamos a partir daqui? Body Image 2004; 1(1): 15-28.

Jackson DL. Revisiting sample size and number of parameter estimates: Some support for the N: Q hypothesis. Struct Equat Model 2003; 10(1): 128-41.

Stice E, Schupak-Neuberg E, Shaw HE, Stein RI. Relação entre a exposição aos media e a sintomatologia das perturbações alimentares: Um exame dos mecanismos de mediação. J Abnorm Psychol 1994; 103(4): 836.

Thompson JK, Van Den Berg P, Roehrig M, Guarda AS, Heinberg LJ. A escala de atitudes socioculturais em relação à aparência-3 (SATAQ-3): Desenvolvimento e validação. Int J Eat Disord 2004; 35(3): 293-304.

Mohammadpanah Ardakan A, Babapour Kheir-ol-Din J, Yousefi R. [Validade da versão persa do questionário de atitudes socioculturais em relação à aparência (SATAQ-3) utilizando a análise fatorial]. Jornal de dermatologia e cosmética 2014; 5(1): 22-32.

Littleton HL, Axsom D, Pury CL. Desenvolvimento do inventário de preocupação com a imagem corporal. Behav Res Ther 2005; 43(2): 229-41.

Bassak Nejad S, Ghafari M. The relationship between body dysmorphic concern and psychological disorders among university students. Revista internacional de ciências comportamentais 2008; 1(2): 179-87.

Spangler DL, Stice E. Validation of the beliefs about appearance scale (Validação da escala de crenças sobre a aparência). Cognit Ther Res 2001; 25(6): 813-27.

Mohammadpanah Ardakan A, Yousefi R. [Avaliação de crenças sobre aparência e sentimento de inferioridade em candidatos a cirurgia estética]. Jornal de dermatologia e cosmética 2011; 2(2): 85-97.

Ferguson CJ. In the eye of the beholder: Os meios de comunicação social magros-ideais afectam alguns, mas não a maioria, dos espectadores numa revisão meta-analítica da insatisfação corporal em mulheres e homens. Psychol Pop Media Cult 2013; 2(1): 20.

Chae J. Os tutoriais de maquiagem do YouTube reforçam as crenças pós-feministas por meio da comparação social. Media Psychol 2021; 24(2): 167-89.

Grogan S. Body image: Understanding body dissatisfaction in men, women, and children (Compreender a insatisfação corporal em homens, mulheres e crianças). London: Routledge; 2021.

Piran N. Uma perspetiva feminista sobre a investigação dos factores de risco e sobre a prevenção das perturbações alimentares. Eat Disord 2010; 18(3): 183-98.

Ward LM, Rosenscruggs D, Aguinaldo ER. A scripted sexuality: Media, scripts sexuais de género e o seu impacto nas nossas vidas. Curr Dir Psychol Sci 2022; 31(4): 369-74.

Stapleton P, Luiz G, Chatwin H. Validação da geração: O papel da comparação social no uso do Instagram entre adultos emergentes. Cyberpsychol Behav Soc Netw 2017; 20(3): 142-9.

Grabe S, Ward LM, Hyde JS. The role of the media in body image concerns among women: A meta-analysis of experimental and correlational studies (Uma meta-análise de estudos experimentais e correlacionais). Psychol Bull 2008; 134(3): 460.

Featherstone M. Body, image and affect in consumer culture (Corpo, imagem e afeto na cultura de consumo). Body Soc 2010; 16(1): 193-221.

Miller CT. Auto-esquemas, género e comparação social: A clarification of the related attributes hypothesis. J Pers Soc Psychol 1984; 46(6): 1222.

Cash TF, Szymanski ML. The development and validation of the Body-Image Ideals Questionnaire. J Pers Assess 1995; 64(3): 466-77.

Cataldo I, De Luca I, Giorgetti V, Cicconcelli D, Bersani FS, Imperatori C, et al. Fitspiration on social media: Imagem corporal e outros riscos psicopatológicos entre jovens adultos. Uma revisão narrativa. Emerg Trends Drugs Addict Health 2021; 1: 100010.

Valikhani A, Sattarian R, Rahmanian M, Moustafa AA, McKinlay A. Autoestima e auto-conhecimento em pacientes iranianos que procuram cirurgia estética: Um estudo comparativo. Journal of Pacific Rim psychology 2021; 15: 1834490920974761.

Li B, Xiao L. Influência da crença de objetificação e da cultura do consumismo na visão das mulheres chinesas sobre a cirurgia estética. Curr Psychol 2021; Corpus ID: 233639572.

Gonzalez-Randolph A. Experiências de mulheres colombianas sobre cirurgia estética e sua relação com a imagem corporal. Dissertação de doutoramento. Universidade Nacional-Louis, 2021.

Hollon SD, Beck AT. Terapias cognitivas e cognitivo-comportamentais. In: Lambert MJ. (editor). Bergin and Garfield's handbook of psychotherapy and behavior change. New York: Guilford; 2013: 393-442.

Stice E, Hayward C, Cameron RP, Killen JD, Taylor CB. Body-image and eating disturbances predict onset of depression among female adolescents: Um estudo longitudinal. J Abnorm Psychol 2000; 109(3): 438.

Mason TB, Lewis RJ. Examinar o apoio social, a ruminação e o otimismo em relação à compulsão alimentar entre mulheres universitárias caucasianas e afro-americanas. Transtornos alimentares e de peso - estudos sobre anorexia, bulimia e obesidade 2017; 22 (4): 693-8.

Ching BHH, Xu JT. Understanding cosmetic surgery consideration in Chinese adolescent girls: Contribuições do materialismo e da objetificação sexual. Imagem Corporal 2019; 28: 6-15.

Printed by Books on Demand GmbH, Norderstedt / Germany